GUIDES J
JEUNES EDITIONS

Intégrer la *fonction publique internationale*

Fabien Baugard

Laetitia Person

GUIDES
JEUNES
EDITIONS

Collection Guides J de **Jeunes Editions**

EMPLOI

100 modèles de CV	*(réf. 214)*
100 modèles de lettres de motivation	*(réf. 215)*
100 questions posées à l'entretien d'embauche	*(réf. 216)*
101 conseils pour trouver un emploi	*(réf. 018)*
Contrat de travail : mode d'emploi	*(réf. 213)*
La lettre de motivation efficace	*(réf. 208)*
Le CV gagnant	*(réf. 207)*
Le guide de la lettre de motivation	*(réf. 012)*
Le guide de l'entretien d'embauche	*(réf. 015)*
Le guide des emplois-jeunes	*(réf. 243)*
Le guide des tests de sélection	*(réf. 017)*
Le guide du CV	*(réf. 010)*
L'intérim un passeport pour l'emploi	*(réf. 234)*
Pour quel métier êtes-vous fait ?	*(réf. 241)*
Réussir son entretient d'embauche	*(réf. 206)*
Réussir les tests de recrutement	*(réf. 233)*
Réussir son bilan de compétences	*(réf. 229)*
Trouver un emploi sans diplôme	*(réf. 259)*
Trouver votre emploi grâce à l'Internet	*(réf. 246)*

METIERS

Les métiers de l'audiovisuel	*(réf. 220)*
Les métiers de la communication	*(réf. 228)*
Les métiers de la création	*(réf. 221)*
Les métiers de la grande distribution	*(réf. 238)*
Les métiers de la mer	*(réf. 253)*
Les métiers de la nature et de l'environnement	*(réf. 218)*
Les métiers de la sécurité et du renseignement	*(réf. 256)*
Les métiers de la vente	*(réf. 225)*
Les métiers de l'hôtellerie-restauration	*(réf. 252)*
Les métiers de l'humanitaire	*(réf. 209)*
Les métiers de l'informatique	*(réf. 251)*
Les métiers du commerce international	*(réf. 227)*
Les métiers du livre	*(réf. 266)*
Les métiers du multimédia	*(réf. 211)*
Les métiers du paramédical	*(réf. 222)*
Les métiers du social	*(réf. 236)*
Les métiers du spectacle	*(réf. 250)*
Les métiers du sport	*(réf. 224)*

Les métiers du tourisme *(réf. 230)*
Profession : enseignant *(réf. 231)*
Profession : secrétaire et assistante *(réf. 257)*
Travailler avec des enfants *(réf. 255)*

ORIENTATION

Bien choisir son MBA *(réf. 263)*
Le guide de l'alternance et de l'apprentissage *(réf. 242)*
Le guide des 3e cycles et mastères *(réf. 264)*
Première année de médecine : réussir ou rebondir *(réf. 245)*
Que faire après un bac+2 ? *(réf. 249)*
Que faire avec des études de droit ? *(réf. 212)*
Que faire avec des études de langues ? *(réf. 239)*
Que faire avec des études de lettres ? *(réf. 226)*
Que faire avec un bac S ? *(réf. 264)*
Que faire sans le bac ? *(réf. 249)*
Se réorienter en cours de 1er cycle *(réf. 250)*

FONCTION PUBLIQUE

Bien préparer les concours de la fonction publique *(réf. 210)*
Le guide des concours de la fonction publique *(réf. 1001)*
Les métiers de la fonction publique *(réf. 204)*
Les métiers de la fonction publique territoriale *(réf. 219)*

ETRANGER

Etudier à l'étranger (USA, Canada, Australie) *(réf. 203)*
Etudier en Europe *(réf. 202)*
Expatriation, mode d'emploi *(réf. 223)*
Le guide des séjours à l'étranger *(réf. 201)*
Le guide du CV en langues étrangères *(réf. 1002)*
Trouver un job à l'étranger *(réf. 011)*

VIE PRATIQUE

Comment créer votre entreprise *(réf. 258)*
Créer et gérer une association *(réf. 1003)*
Financez vos études *(réf. 005)*
Le guide de l'étudiant étranger *(réf. 217)*
Le guide des jobs étudiants *(réf. 002)*
Trouver un stage en entreprise *(réf. 205)*
Université : mode d'emploi *(réf. 022)*

Intégrer la *fonction publique internationale*

Sommaire

Intégrer la *fonction publique internationale*

Introduction

Si depuis votre plus tendre enfance, vous n'avez qu'une envie, celle de tenter votre chance à l'étranger, ce guide est fait pour vous ! Et vous auriez tort d'hésiter davantage, car de belles carrières et des salaires alléchants vous attendent dans la fonction publique internationale.

Mais attention : faire carrière dans ce secteur ne s'improvise pas. Bien au contraire. Une candidature à un poste (pour la plupart des organisations) ou à un concours (pour l'Union européenne) se réfléchit mûrement. Evaluez tout d'abord votre niveau en langues étrangères, et tout particulièrement en anglais. Les organisations internationales sont intraitables sur le sujet : la maîtrise parfaite de l'anglais est exigée, quelle que soit l'institution que vous souhaitez intégrer. Un conseil : potassez vos manuels dès maintenant.

L'objectif de ce guide est de vous familiariser avec l'univers de la fonction publique internationale afin que vous puissiez l'aborder en toute connaissance de cause. Après la lecture de cet ouvrage, les différents aspects du secteur n'auront plus de secrets pour vous !

La première partie, « La fonction publique internationale » établit un schéma précis des principales organisations internationales : comment fonctionnent-elles ? Quelles sont leurs structures ? Quelles sont celles susceptibles d'embaucher des Français ? Quelles sont leurs politiques d'emploi ? Autant de questions que vous vous posez peut-être et autant de réponses qui vont vous permettre de mieux appréhender le caractère international de la fonction publique.

La partie suivante, « Le fonctionnaire international » définit ce personnage public hors du commun, souvent mal connu et souvent victime de préjugés infondés. Les divers aspects du fonctionnaire international sont étudiés : son statut, ses grades, son traitement, ses indemnités, ses obligations...

A défaut de pouvoir établir une liste exhaustive de toutes les activités présentes dans les organisations internationales, cette partie va tenter de définir les différents corps de métiers qui contribuent à la bonne marche de ces structures.

La partie consacrée aux formations vous permet d'optimiser vos chances de carrière. Si les enseignements spécifiques préparant à la fonction publique internationale sont rares, de nombreuses formations offrent toutefois des options axées sur les carrières internationales.

Toutes les formations seront passées en revue : troisièmes cycles, IEP, écoles privées... De quoi vous permettre de faire votre choix en toute sérénité.

« Intégrer la fonction publique internationale » vous expose les différents moyens d'accéder aux organisations internationales : stages, concours, dossiers... Cette partie vous donne également toutes les astuces pour décrocher votre premier emploi international.

Enfin, le « Carnet d'adresses » vous fournira toutes les références qui vous seront utiles pour la recherche d'une formation et d'un premier emploi.

Si vous hésitez encore, la lecture de ce guide achèvera de vous convaincre qu'avec une bonne préparation vous pourrez intégrer ces structures à vocation universelle en toute sérénité.Bonne lecture et bonne chance à tous.

Partie I

La fonction publique internationale

Le concept d'organisation internationale est relativement récent. Juridiquement et sociologiquement, les premiers regroupements étatiques remontent à la fin du XIXe siècle. A l'époque, les Etats décidaient de se réunir en « unions internationales », essentiellement pour des raisons de coopération technique et commerciale. Aujourd'hui, la finalité des organisations internationales a considérablement évolué puisque sont pris en compte non seulement les problèmes techniques, mais aussi les conflits armés, les problèmes sociaux, humanitaires ou ethniques, pour ne citer que quelques exemples.

La première illustration de cette évolution sociologique apparaît avec la création de la Société des Nations (SDN), après la Première Guerre mondiale. Désormais, aux exigences de coopération technique et commerciale s'ajoute une volonté, de la part des anciens belligérants, de vivre ensemble et de construire une société internationale fondée sur le droit et les échanges entre les peuples. Malheureusement cet ambitieux projet échouera rapidement pour des raisons militaires.

D'autres structures internationales ont émergé par la suite, toutes habitées par un même principe d'assistance, et même si elles sont confrontées à des problèmes toujours plus grands, on peut dire que le concept est bien enraciné dans les esprits contemporains. Aujourd'hui, il est clairement établi que « *les organisations internationales ne se situent pas en dehors, et ne peuvent s'isoler, du monde qu'elles sont censées guider...* » (propos de Silviu Brucan, diplomate et universitaire romain)

1. Les organisations internationales susceptibles d'embaucher des Français

Cet ouvrage n'ayant pas une vocation historique, il ne retracera pas les problèmes de création et les évolutions des différentes structures internationales. En revanche il s'efforcera de vous montrer concrètement les diverses actions de ces entités.

Si la fonction publique internationale vous tente, il ne vous reste plus qu'à lire les lignes qui suivent et à dénicher l'organisation internationale qui répond le mieux à vos attentes professionnelles.

L'Organisation des Nations unies

Les structures de l'ONU

C'est au cœur des combats de la Seconde Guerre mondiale que fut décidée l'instauration d'une nouvelle organisation internationale basée sur le concept de paix dans le monde. Aujourd'hui, forte de ses 185 Etats membres, l'ONU est la plus grande institution internationale de tous les temps. Cette reconnaissance unanime sur la scène mondiale lui apporte une aide considérable dans l'accomplissement de ses missions les plus courantes : protection des droits fondamentaux, protection de l'environnement, éradication des épidémies, de la famine et de la pauvreté, amélioration de la condition des femmes...

L'ONU et les divers organismes spécialisés qui lui sont reliés disposent, pour remplir leurs missions, d'un budget annuel de l'ordre de 3,2 milliards de dollars, budget qui équivaut à moins de 0,2 % des dépenses militaires engagées chaque année dans le monde...

L'ONU est une assemblée d'Etats souverains. Presque tous les pays du monde sont représentés et disposent d'une voix à l'Assemblée générale, qu'ils soient riches ou pauvres, petits ou grands. Elle est composée de six organes principaux, tous regroupés à New York, à l'exception de la Cour internationale de justice qui siège à La Haye.

L'Assemblée générale

L'Assemblée générale est le principal organe délibérant des Nations unies. De par son action centrale, elle est d'ailleurs souvent assimilée à un parlement mondial. Parmi ses nombreuses attributions, il faut retenir que c'est elle qui nomme le secrétaire général et qui décide de l'admission de nouveaux membres. C'est encore elle qui reçoit les rapports des différents organes, qui détermine les grandes lignes directrices de l'action de l'ONU et qui vote son budget.

L'Assemblée se réunit tous les ans en une session unique, de mi-septembre à mi-décembre, au cours de laquelle le programme de l'année est décidé et adopté. En cas d'urgence ou d'imprévu, les membres de cette haute assemblée peuvent également se retrouver pour trouver une solution efficace dans les meilleurs délais.

Tous les Etats membres de l'ONU disposent d'un droit de vote au sein de l'Assemblée générale, droit de vote qui peut s'exprimer de plusieurs manières. Les décisions concernant les questions ordinaires doivent être adoptées à la majorité simple. En revanche, lorsque l'Assemblée générale doit faire face à un problème délicat ou extraordinaire, la majorité des deux tiers des voix est requise.

Les décisions adoptées par l'Assemblée générale n'ont qu'une force morale, l'ONU ne disposant d'aucun pouvoir de contrainte sur les gouvernements. Mais, cette valeur morale a un tel poids sur le plan international que les recommandations sont la plupart du temps exécutées par les Etats.

Le Conseil de sécurité

Le Conseil de sécurité des Nations unies est le garant de la paix dans le monde.

Composé de 15 membres, dont 5 permanents (la Chine, les Etats-Unis, la fédération de Russie, la France et le Royaume-Uni), le Conseil de sécurité doit se réunir à chaque fois que la paix est menacée dans le monde. Les 10 autres membres sont nommés par l'Assemblée générale pour un mandat de deux ans.

Toutes les décisions sont adoptées à une majorité de 9 voix. Seuls les membres permanents disposent d'un droit de veto leur permettant de bloquer les négociations.

Contrairement à l'Assemblée générale, le Conseil de sécurité dispose d'une force coercitive, puisqu'il peut imposer des sanctions à l'encontre des Etats qui ne se plieraient pas à ses décisions. Il peut ainsi décider d'envoyer des missions de maintien de la paix dans les zones de troubles, afin de maintenir séparées les forces ennemies ou de faciliter l'entrée en application d'un accord de paix. Il peut également voter le lancement d'une opération militaire sur le terrain pour faire cesser des hostilités. Ces opérations, qui doivent rester exceptionnelles et qui ne sont engagées qu'en dernier recours, sont soumises à l'autorité des Etats belligérants, même si elles ont été décidées et votées par le Conseil de sécurité.

Le Conseil économique et social

Le Conseil économique et social est placé sous l'autorité directe de l'Assemblée générale. Comme son nom l'indique, son rôle principal est de coordonner les activités économiques et sociales de l'ONU et des divers organismes des Nations unies.

Le Conseil économique et social se réunit en une session unique d'un mois, au cours de laquelle divers sujets sont abordés : la croissance économique dans le monde, le respect des droits de l'Homme, la protection de l'environnement, la prévention de la criminalité, la coopération internationale...

La Cour internationale de justice

Composée de 15 juges élus par l'Assemblée générale et le Conseil de sécurité, la Cour internationale de justice est le principal organe judiciaire de l'Organisation des Nations unies. Le rôle de ces juges internationaux est de trancher les litiges opposant les Etats membres. A ce titre, seuls les Etats sont habilités à saisir ce tribunal mondial : s'ils requièrent l'autorité de cette haute juridiction, ils seront contraints de se plier à son jugement. En revanche, si un Etat refuse son intervention, la Cour ne dispose alors d'aucun moyen coercitif pour faire appliquer sa décision.

Les magistrats siégeant à la Cour internationale de justice sont triés sur le volet. Tous ne sont pas des magistrats professionnels. Peuvent en effet être élus des professeurs de droit, des avocats et des hauts fonctionnaires. Un seul point commun : tous « *doivent jouir de la plus haute considération morale* ».

Le Secrétariat général

Le Secrétariat, dirigé par le secrétaire général, est responsable de la bonne marche des organes précédents et de la bonne administration de leurs programmes. Ses quelque 9 000 fonctionnaires, originaires de 170 pays, assurent à New York et dans le reste du monde, le fonctionnement quotidien de l'Organisation.

À la loupe

Les secrétaires généraux depuis la création de l'ONU

1946-1953 : Tryge Lie (Norvège)
1953-1961 : Dag Hammarskjöld (Suède)
1961-1971 : U Thant (Birmanie)
1972-1981 : Kurt Waldheim (Autriche)
1982-1991 : Javier Perez de Cuellar (Pérou)
1992-1996 : Boutros Boutros-Ghali (Egypte)
Depuis 1997 : Kofi Annan (Ghana)

Le Conseil de tutelle

Le Conseil de tutelle est un organe à part qui ne siège, de nos jours, que si des circonstances particulières l'exigent.

A sa création, en 1945, le Conseil de tutelle était chargé d'administrer les territoires placés sous la tutelle de l'Organisation des Nations unies et de les préparer doucement à une autonomie ou à l'indépendance. Il a connu son heure de gloire pendant la vague de décolonisation qui a animé les quatre coins du globe de 1950 à 1980. La fonction du régime de tutelle a pris fin en 1994 lorsque le dernier de ces territoires, le territoire des Iles du Pacifique, administré jusqu'alors par les Etats-Unis, a opté pour un nouveau statut.

À la loupe

La vérité sur les Casques bleus de l'ONU

L'action des Casques bleus est souvent mal connue du grand public qui a tendance à assimiler ces fonctionnaires internationaux à des troupes militaires. Il est vrai que les médias ne nous facilitent pas les choses en nous montrant des soldats, avec leurs bérets bleus, en exercice dans les pays à risque. Pourtant, gare aux idées reçues. Les Casques bleus ne constituent pas un corps militaire à part entière, loin de là. L'Onu n'a pas d'armée. Ce sont les Etats membres qui fournissent volontairement, pour chaque mission de maintien de la paix, des troupes et du matériel. Et si le gros des troupes est constitué de militaires de carrière, on trouve

également des observateurs des droits de l'Homme, des observateurs électoraux ou des policiers.
Depuis 1948, 118 Etats ont contribué au maintien de la paix dans le monde en fournissant des hommes et du matériel à l'ONU. Aujourd'hui, ils sont 77 à participer à cette grande action. Au 31 août 1998, les principaux fournisseurs de contingents étaient la Pologne (1 034 hommes), le Bangladesh (886 hommes), l'Autriche (792 hommes), le Ghana (788 hommes), la Finlande (777 hommes), l'Irlande (727 hommes) et la Norvège (727 hommes). Même des pays qui ne sont pas membres de l'ONU se sont associés à cet effort de paix ; ainsi la Suisse met-elle régulièrement à disposition des Casques bleus des moyens financiers ou des équipes médicales.

Les institutions spécialisées des Nations unies

Reliées à l'ONU par des accords spéciaux, ces institutions spécialisées autonomes appartenant au système des Nations unies ont des fonctions très précises. Afin de parfaire leurs missions, elles élaborent des normes et des directives, elles aident à formuler des politiques et apportent assistance technique et aide concrète dans pratiquement tous les domaines de la vie économique et sociale.

L'Organisation internationale du travail (OIT)

Installée à Genève, l'Organisation internationale du travail est une vieille institution. Créée en 1919, elle était à l'origine associée à la Société des Nations (SDN). Après avoir traversé diverses turpitudes, dont la Seconde Guerre mondiale, l'OIT accède au statut d'institution spécialisée reliée à l'ONU en 1946.

La mission de cet organe est loin d'être simple. L'OIT est en effet chargée d'améliorer les conditions de travail dans le monde. Pour ce faire, elle dispose d'un budget de 800 millions de francs par an et est habilitée à définir des programmes d'aide technique et à établir des normes internationales afin de guider les gouvernements dans leurs politiques à l'égard de leurs travailleurs.

Depuis son instauration, l'OIT a mené de véritables batailles juridiques et sociales dans de nombreux pays : elle s'est battue pour imposer et garantir la liberté d'association, le droit d'affiliation à des syndicats, le droit de négociations collectives, ainsi que les droits des populations autochtones et tribales. Elle s'est également employée à promouvoir l'emploi et l'égalité de rémunération entre les hommes et les femmes, et à éradiquer le travail des enfants.

L'Organisation des Nations unies pour l'alimentation et l'agriculture (FAO)

L'Organisation des Nations unies pour l'alimentation et l'agriculture a été érigée en 1945 et constitue une des plus grandes institutions du système onusien, avec près de 6 000 fonctionnaires à son service dans le monde entier.

Vaste programme que celui de la FAO ! Il lui incombe en effet d'améliorer la nutrition dans le monde, la productivité de l'agriculture, la sécurité alimentaire et les conditions de vie dans les zones rurales.

Afin d'éradiquer les pénuries et faire face aux situations d'urgence, la FAO a développé depuis 1961 un programme alimentaire mondial (PAM) qui vise à promouvoir la distribution de produits alimentaires dans les pays confrontés à des problèmes de malnutrition. Concrètement, cette aide consiste à mettre à la disposition des pays qui en ont le plus besoin, les excédents agricoles des pays riches : Union européenne, Etats-Unis, Canada... L'aide alimentaire mise en place par le PAM représente aujourd'hui le quart de l'aide mondiale et atteint le nombre considérable de 2 millions de tonnes de denrées par an.

L'Organisation des Nations unies pour l'éducation, la science et la culture (Unesco)

Créée au lendemain de la Seconde Guerre mondiale, l'Unesco a des compétences variées et étendues : instruction universelle, développement culturel, protection du patrimoine naturel et culturel de l'humanité, liberté de la presse, développement de la communication, coopération scientifique.

Basée à Paris, l'Unesco regroupe aujourd'hui environ 180 Etats membres ; bien qu'elle ait traversé diverses crises politiques ou structurelles, ses succès sont nombreux. Elle a tout d'abord contribué à améliorer l'éducation des enfants et l'alphabétisation des femmes dans les pays en voie de développement (PVD) : actuellement, plus de 60 % des adultes des PVD savent lire et écrire et 80 % des enfants fréquentent des établissements scolaires. Elle a également participé à l'établissement de la libre circulation de l'information dans les pays les plus réticents : pour permettre à tous de s'informer à l'abri de la censure et sans parti pris culturel, l'Unesco a fourni une assistance technique et matérielle pour renforcer les systèmes de communication et pour créer des agences de presse au quatre coins de la planète.

L'Organisation mondiale de la santé (OMS)

« *Amener tous les peuples au niveau de santé le plus élevé possible* », telle est la mission confiée aux 5 000 fonctionnaires (dont 1 300 en Afrique) de l'Organisation mondiale de la santé. Depuis sa création en 1948, ses champs d'intervention n'ont cessé d'évoluer. Aujourd'hui, l'OMS coordonne les programmes de lutte contre les maladies, lance toutes sortes d'opérations de vaccination, assure l'éducation en matière de santé et fournit les médicaments de base indispensables.

Plusieurs programmes ont été lancés ces dernières années, notamment un programme de recherche dans le domaine des maladies tropicales et une campagne mondiale afin d'immuniser, d'ici l'an 2000, 90 % des enfants contre les maladies infantiles les plus courantes (aujourd'hui, plus de 3 millions d'enfants sont sauvés chaque année).

Mais aucune de ces actions ne concurrence le programme de lutte contre le sida mis sur pied depuis 1987 et qui associe 160 pays. Disposant d'un budget annuel de 500 millions de francs, l'OMS informe et tente de sensibiliser les populations aux gestes de protection les plus élémentaires pour tenter d'enrayer l'endémie.

Le Fonds international pour l'aide à l'enfance (Unicef)

Créé en 1946, l'Unicef a pour principale mission le secours aux enfants victimes des guerres et d'agressions, sans distinction de race ou de nationalité, et l'intervention en faveur de la santé des enfants dans le monde. Ce n'est qu'en 1953 que l'Unicef accède au statut d'organe permanent des Nations unies ; il dispose depuis cette date d'un siège à New York et de 200 bureaux permanents, dont une large majorité se situent dans les pays en voie de développement.

Actuellement, l'Unicef emploie environ 7 000 fonctionnaires répartis dans le monde entier et dispose d'un budget annuel de 5 milliards de francs, consacré en priorité aux secours d'urgence et à la santé de l'enfant.

L'Unicef a remporté de beaux succès. Grâce à ses efforts, une Convention sur les droits de l'enfant a ainsi été conclue en 1990 et est entrée en vigueur avec force de droit international dans 166 pays en 1994.

À la loupe

L'enfance en danger dans le monde

Les derniers chiffres font état d'une situation alarmante : les enfants sont en danger dans de nombreux pays du monde. Ainsi :

- 193 millions d'enfants de moins de cinq ans souffrent de malnutrition ;
- 40 000 enfants de moins de 5 ans meurent chaque jour de malnutrition ou de maladies infectieuses ou parasitaires ;
- 100 millions d'enfants de 6 à 11 ans, dont deux tiers de filles, ne sont pas scolarisés ;
- 80 millions d'enfants sont contraints de travailler pour subvenir à leurs besoins et à ceux de leurs familles ;
- 500 000 femmes meurent chaque année des suites d'une grossesse ou d'un accouchement, laissant plus d'un million d'orphelins derrière elles.

Le Haut Commissariat aux réfugiés (HCR)

Crée en 1951 par l'Assemblée générale des Nations unies, le HCR devait à l'origine venir en aide aux millions de réfugiés qui avaient quitté leurs pays pendant la seconde guerre mondiale. Aujourd'hui, les missions du HCR ont considérablement évolué, même si la finalité reste identique : l'assistance aux réfugiés.

Avec l'émergence de nouveaux conflits (Rwanda, Ex-Yougoslavie...), les quelques 5 000 fonctionnaires internationaux qui travaillent au sein du HCR ont un travail considérable qui s'est traduit, depuis 1951, par des secours apportés à plus de 30 millions de personnes dans le monde. L'organisme soutient actuellement plus de 19 millions de réfugiés, principalement des femmes et des enfants, qu'il aide à survivre grâce à des abris, des denrées alimentaires, des soins médicaux et des services d'éducation, tout en essayant de faciliter leur rapatriement dans leurs pays d'origine.

A noter : tous les réfugiés ou exilés politiques ne restent pas dans l'ombre. Certains ont même connu une grande notoriété. Parmi les plus célèbres, on peut citer : Bertold Brecht, Marc Chagall, Marlène Dietrich, Albert Einstein, Sigmund Freud, Giuseppe Garibaldi, Rudolf Noureev, Alexandre Soljenitsyne, etc.

L'Organisation mondiale du commerce (OMC)

L'Organisation mondiale du commerce a succédé au GATT (Accord général sur les tarifs douaniers et le commerce) le 1er janvier 1995 et réunit actuellement 134 membres.

Principalement axée sur le commerce mondial, l'Organisation est chargée de définir un cadre général aux négociations et aux règlements des conflits commerciaux. C'est dans cet objectif que l'OMC fait obligation aux Etats membres d'assurer la transparence de leur politique commerciale. Responsable du suivi des accords commerciaux, l'OMC doit apporter une assistance technique aux pays en voie de développement.

L'Organisation des Nations unies pour le développement industriel (Onudi)

Composée de 730 fonctionnaires au siège et de 500 personnes sur le terrain, cette structure dispense principalement une assistance technique aux pays en voie de développement. Par ses conseils multiples et ses services de formation, l'Onudi a ainsi contribué à favoriser le progrès industriel dans de nombreux pays, en encourageant l'esprit d'entreprise, la coopération industrielle et le transfert des nouvelles technologies.

Le programme des Nations unies pour le développement (PNUD) agissant par l'intermédiaire de l'Onudi dispose d'un budget annuel de 1,3 milliard de dollars et soutient plus de 5 000 projets industriels dans le monde.

Des institutions spécialisées moins connues

D'autres institutions spécialisées, dépendant du système des Nations unies, œuvrent pour une amélioration de la vie quotidienne dans le monde. Ces organisations bénéficient d'une notoriété moins forte que toutes les structures précédemment citées, pourtant leurs actions sont primordiales. Vous trouverez ci-après une brève description de leurs principales attributions.

La Banque mondiale

Elle regroupe en fait deux institutions distinctes : la Banque internationale pour la reconstruction et le développement (BIRD) et l'Association internationale de développement. Leur rôle principal est d'aider, par l'intermédiaire de prêts financiers, les pays en voie de développement à combattre la pauvreté et à s'engager dans la voie d'une croissance économique durable.

Le Fonds monétaire international (FMI)

Il est responsable de la coopération monétaire dans le monde et du maintien de la stabilité financière internationale.

Le Fonds international de développement agricole (FIDA)

Il doit recueillir des fonds pour venir en aide aux populations les plus pauvres et leur apprendre à mieux gérer la production alimentaire.

L'Organisation maritime internationale (OMI)

Elle est chargée d'élaborer et d'unifier la réglementation de la navigation internationale et de combattre la pollution marine provoquée par les navires.

L'Organisation de l'aviation civile internationale (OACI)

Elle définit les règles nécessaires pour assurer la sécurité des transports aériens internationaux.

L'Union internationale des télécommunications (UIT)

Elle encourage les pays à coopérer pour perfectionner les divers moyens de télécommunication et en développer l'usage.

L'Organisation météorologique mondiale (OMM)

Elle est chargée de la recherche scientifique sur l'atmosphère et les climats. Elle intervient également pour favoriser les échanges internationaux des données et des informations météorologiques. Par ses actions constantes dans les pays à risque, l'OMM a permis de mettre des millions de personnes à l'abri des effets dévastateurs des catastrophes naturelles. Son système d'alerte avancée, qui fait intervenir des milliers de stations de contrôle au sol ainsi que plusieurs satellites, a contribué à prévoir les sécheresses de longue durée et à distribuer une aide alimentaire efficace aux régions affectées par ces problèmes météorologiques.

L'Organisation mondiale de la propriété intellectuelle (OMPI)

Elle assure la protection juridique de la propriété intellectuelle et veille à favoriser la coopération entre les pays, en matière de droits d'auteur, de marques déposées et de création industrielle. Elle tient un registre qui regroupe aujourd'hui près de 3 millions de marques nationales de commerce et de fabrique et qui permet aux particuliers et aux entreprises de défendre, plus facilement, leurs droits de propriété.

L'Union européenne

Depuis sa création en 1958 par le traité de Rome, l'Union européenne a connu une progression constante dont le point d'orgue a été incontestablement la création de la monnaie unique européenne, l'euro.

Cette croissance se situe à plusieurs niveaux. Géographiquement, l'Union s'est considérablement renforcée, puisqu'elle est passée de 6 membres à l'origine, à 15 membres aujourd'hui (Belgique, Danemark, Allemagne, Grèce, Espagne, France, Irlande, Italie, Luxembourg, Pays-Bas, Autriche, Portugal, Finlande, Suède, Royaume-Uni). Sur le plan politique et institutionnel également, c'est un réel succès, puisque l'Union a remporté son pari de faire naître une cohésion sans cesse plus étroite entre les peuples européens, fondée sur la promotion du progrès économique.

Gardienne des libertés individuelles, l'Union européenne a progressivement élargi à tous les ressortissants européens le droit de libre circulation entre les pays membres et les droits fondamentaux des citoyens. Mais cette avancée démocratique ne s'arrête pas là. Les principaux objectifs de l'Union européenne pour les prochaines années restent primordiaux et s'inscrivent dans la lignée de la politique dégagée à la conclusion du traité de Rome : élargissement de l'Union aux pays de l'Europe centrale et orientale, lancement de l'euro, mise en œuvre des dispositions du traité d'Amsterdam. Belles perspectives d'avenir pour l'Union européenne et les milliers de fonctionnaires européens qui y travaillent !

Avec l'élargissement des compétences de l'Union européenne, les différents organes qui la composent ont vu leurs attributions considérablement évoluer.

Le Parlement européen

Elu au suffrage universel direct, le Parlement est le représentant de 370 millions de citoyens européens. Composé de 626 membres, son rôle est celui d'un parlement ordinaire : adoption des lois (en collaboration avec le Conseil de l'Union européenne) et contrôle du pouvoir exécutif. Le Parlement est plus que jamais en mesure d'agir de la sorte, car ses compétences ont été élargies et ses pouvoirs renforcés par l'Acte unique de 1986, lequel a introduit une coopération législative entre le Parlement et le Conseil, puis par le traité sur l'Union européenne de 1993. Aujourd'hui, il participe pleinement à l'élaboration de la législation communautaire et occupe un rôle capital dans la gestion de l'Union européenne, aux côtés de la Commission et du Conseil.

À la loupe

Les présidents du Parlement européen depuis 1958

Robert Schuman (1958-1960)
Hans Furler (1960-1962)
Gaetano Martino (1962-1964)
Jean Duvieusart (1964-1965)
Victor Leemans (1965-1966)
Alain Poher (1966- 1969)
Mario Scelba (1969-1971)
Walter Behrendt (1971-1973)
Cornelis Berkhouwer (1973-1975)
Georges Spénale (1975-1977)
Emilio Colombo (1977-1979)
Simone Veil (1979-1982)
Pieter Danker (1982-1984)
Pierre Pflimlin (1984-1987)
Lord Plumb (1987-1989)
Enrique Baron Crespo (1989-1992)
Egon Klepsch (1992-1994)
Klaus Hänsch (1994-1997)
José Maria Gil-Robles (depuis 1997).

La Commission européenne

La Commission européenne est l'organe exécutif de l'Union européenne. A certains égards, elle agit comme le cœur de l'Europe, à partir duquel les autres institutions européennes puisent leur énergie et leurs objectifs. Sa mission principale est d'élaborer et de soumettre au Parlement les propositions de lois. C'est elle aussi qui met sur pied les différents plans d'action de l'Union européenne et qui en contrôle l'application par les institutions.

La Commission est composée de 20 commissaires nommés par les Etats membres, après approbation du Parlement. La nomination par les différents gouvernements ne signifie en aucun cas que les commissaires leur sont subordonnés, bien au contraire. Les commissaires ont le devoir d'exercer leurs fonctions en toute indépendance par rapport à leurs gouvernements nationaux.

Le Conseil de l'Union européenne

Le Conseil est un organe marginal qui présente, à plusieurs niveaux, les caractéristiques d'une organisation à la fois supranationale et intergouvernementale. Au niveau de sa composition, le Conseil est un organe original puisqu'il est formé des différents ministres des Etats membres, réunis par domaine de compétence. Par exemple, le Conseil des ministres des Affaires étrangères regroupe les 15 ministres des Affaires étrangères, le Conseil des ministres de l'Agriculture met en présence les 15 ministres de l'Agriculture...

Sur le plan de la concertation politique, le Conseil fait office de modèle puisque les procédures d'adoption et les règlements des conflits impliquent un degré de solidarité et de confiance peu répandu dans les relations entre Etats.

La Cour de justice des communautés européennes

Composée de 15 magistrats et de 9 avocats généraux, la Cour de justice occupe une place éminente dans le système institutionnel européen.

Les 15 juges (un juge par Etat membre) sont nommés pour un mandat de six ans par les gouvernements des Etats membres. Les nominations interviennent tous les trois ans, par groupe de sept ou huit juges, de façon à ne pas trop perturber le fonctionnement de l'institution. Comme pour les autres « hauts personnages » des organes européens, les magistrats doivent agir en toute indépendance par rapport à leur gouvernement d'origine. Mais ce postulat est renforcé par un autre principe selon lequel les magistrats européens ne sont soumis à aucune forme d'autorité hiérarchique. Les juges ont donc à leur disposition tous les moyens pour faire évoluer et appliquer le droit européen.

Les 9 avocats généraux (institution nouvelle et inconnue dans la plupart des systèmes judiciaires européens) sont également nommés par les gouvernements des Etats membres pour six ans. Leur rôle est de « *présenter publiquement, en toute impartialité et en toute indépendance, des conclusions motivées sur les affaires soumises à la Cour de justice, en vue d'assister celle-ci dans l'exercice de sa mission* ».

Les magistrats, comme les avocats généraux, sont choisis parmi une liste des juristes émérites. Toutes les professions juridiques sont représentées : anciens magistrats, anciens fonctionnaires de haut rang, anciens professeurs d'université, anciens ministres de la Justice.

La Cour de justice des communautés européennes ne fonctionne pas comme une juridiction nationale ; son rôle n'est pas de trancher des différends entre des particuliers, mais de veiller au respect du droit communautaire dans l'application et dans l'interprétation des traités.

Le Conseil européen

Souvent confondu avec le Conseil de l'Union européenne, le Conseil européen met en présence les chefs d'Etat ou de gouvernement des différents Etats membres ainsi que le Président de la Commission européenne. Non prévu dans les textes originels, le Conseil européen a été créé à l'initiative du président Valéry Giscard d'Estaing, avant d'être officialisé par l'Acte unique en 1986.

Il a un rôle non négligeable, car c'est lui qui définit la coopération politique européenne qui va permettre de mettre sur pied les grandes orientations politiques communautaires. Il se réunit deux fois par an, dans le pays qui exerce alors la présidence tournante de l'Union européenne.

La Cour des comptes

La Cour des comptes apparaît comme la « gardienne » des finances de l'Union européenne. Composé de 15 commissaires aux comptes, cet organe veille au respect de certains principes moraux, administratifs et comptables dans l'exercice des missions imparties aux différentes institutions européennes. Les rapports de la Cour des comptes constituent une abondante source d'informations sur la gestion financière de l'Union et un moyen de pression efficace sur les organes administratifs afin de les contraindre à assurer une meilleure gestion des fonds communautaires.

Le Comité économique et social

Fort de ses 222 membres, le Comité économique et social représente les divers secteurs de la société civile. Organisés en trois groupes de travail (les employeurs, les travailleurs et les activités diverses), les membres du Comité contribuent à l'élaboration des avis sur les projets de législation européenne sur les grands thèmes de société.

Le Comité des régions

Le Comité des régions est un organe consultatif composé de 222 membres, tous représentants des collectivités locales et régionales, nommés par les Etats membres. Il existe aujourd'hui une obligation légale de consulter ces représentants des autorités locales et régionales sur des problèmes les impliquant directement.

Le médiateur européen

Trop peu connu du grand public, le médiateur joue pourtant un rôle important au sein des institutions européennes. A l'exemple de l'*ombudsman* suédois, le médiateur est un personnage indépendant chargé, face à une administration de plus en plus complexe, de simplifier et d'humaniser la protection et la défense des droits des citoyens, sans pour autant se substituer aux organes juridictionnels. Dans cette perspective, il est habilité à agir en tant que conciliateur entre le ressortissant européen et l'administration communautaire. Mais ses attributions ne s'arrêtent pas là. Bénéficiant de larges pouvoirs d'enquête, il peut demander auprès des organes communautaires tous les documents et témoignages qu'il estime nécessaires pour l'accomplissement de sa mission de médiation. Il peut également adresser aux institutions communautaires des recommandations et saisir le Parlement européen afin que celui-ci tire, le cas échéant, les conséquences politiques de l'attitude de l'Administration.

La Banque européenne d'investissement

La Banque européenne d'investissement est destinée au financement des investissements, en particulier dans les régions ou dans des secteurs économiques en difficulté. Le volume annuel de ses prêts (plus de 20 milliards d'écus - ex-euros - en 1995) en fait la première institution financière internationale.

Les organisations coordonnées

Le Conseil de l'Europe

Créé en 1949, le Conseil de l'Europe est l'organisation internationale la plus ancienne du continent, et regroupe à ce jour une quarantaine d'Etats membres. Réputé pour son action en faveur de la promotion des droits de l'Homme et de la démocratie, il exerce son activité dans tous les domaines de la coopération internationale, à l'exception du domaine militaire.

Avec l'émergence de nouvelles organisations sur le plan international, le Conseil est aujourd'hui appelé à travailler en collaboration avec l'Union européenne et l'Organisation pour la sécurité et la coopération en Europe (OSCE), dans ses missions les plus élémentaires.

Le Comité des ministres

Le Comité des ministres est composé des 40 ministres des Affaires étrangères des Etats membres. Organe de décision du Conseil de l'Europe, le Comité est appelé à se réunir deux fois par an en sessions ordinaires. Il peut néanmoins se réunir en session extraordinaire lorsque les circonstances l'exigent.

Les ministres des Affaires étrangères sont secondés par des délégués qui restent très présents au sein du Comité des ministres : ce sont eux qui se réunissent une fois par mois afin d'arrêter le programme et le budget du Conseil.

L'Assemblée parlementaire

Organe délibérant du Conseil de l'Europe, l'Assemblée est composée de 286 représentants et de 286 suppléants. Appelée à siéger en séance plénière d'une semaine quatre fois par an, elle joue un rôle essentiel dans le processus d'adhésion des nouveaux membres et dans le contrôle du respect des engagements internationaux du Conseil.

Le Congrès des pouvoirs locaux et régionaux de l'Europe

Représentant de la démocratie locale, le Congrès est composé de deux chambres : l'une pour le pouvoir local et l'autre pour les régions. L'objectif des 286 représentants et des 286 suppléants est d'aider les nouvelles démocraties à poser des bases politiques et constitutionnelles solides.

Le Secrétariat

Composé d'agents publics originaires des 40 pays membres, le Secrétariat assiste les 3 instances exécutives et parlementaires du Conseil de l'Europe.

L'action du Conseil de l'Europe s'articule essentiellement dans le domaine des droits de l'Homme. La création de la Cour européenne des droits de l'Homme et la campagne contre l'intolérance pour lutter contre le racisme, la xénophobie, l'antisémitisme et l'intolérance, constituent deux exemples marquants de son action. Cependant, les priorités du Conseil se manifestent également dans d'autres domaines tels que la promotion de la liberté d'expression, la libre circulation des informations, le renforcement du processus démocratique ou encore une meilleure représentation juridique des personnes les plus vulnérables.

L'Organisation de coopération et de développement économiques (OCDE)

L'OCDE a succédé à l'Organisation européenne de coopération économique (OECE) en 1961 et rassemble aujourd'hui 29 Etats membres soucieux de partager les principes de l'économie de marché internationale, de la démocratie pluraliste et de respect des droits de l'Homme.

Aujourd'hui, l'OCDE collabore avec toutes les régions du monde et établit des relations avec des Etats non membres afin de leur faire partager son expérience en matière économique. Ainsi, après l'effondrement du bloc soviétique, en 1989, l'OCDE a lancé un programme d'assistance aux pays d'Europe centrale et orientale, et, en Asie un dialogue régulier a été amorcé avec Hong-Kong, la Chine, la Malaisie, Singapour et la Thaïlande.

Le Conseil

Le Conseil est composé d'un représentant de chaque pays membre et d'un représentant de la Commission européenne. Organe décisionnel, son rôle est de définir les programmes d'action de l'Organisation.

A côté du Conseil, des comités (environ 200) se réunissent régulièrement pour formuler des idées et contrôler les progrès réalisés dans des domaines bien définis, comme le commerce international, la gestion publique, l'aide au développement ou les marchés financiers. Ces comités sont composés d'experts détachés par leurs administrations nationales ; ils n'ont donc pas le statut de fonctionnaire international.

Le Secrétariat

Dirigé par le Secrétaire général, le Secrétariat participe au travail décidé par les divers comités.

L'Organisation du traité de l'Atlantique Nord (OTAN)

Signé en 1949, le traité prévoyait à l'origine une alliance entre 12 Etats indépendants, désireux d'assurer leur défense mutuelle et collective. Aujourd'hui, forte de 19 membres, l'Organisation s'est progressivement adaptée aux évolutions mondiales afin de participer à l'élaboration de structures internationales, fondées sur une plus grande coopération militaire. La modification de ses structures politiques et militaires lui permet ainsi aujourd'hui de s'allier à des pays non membres de l'OTAN ou à d'autres organisations internationales, pour régler des conflits armés ou des situations de crise.

Plusieurs éléments composent l'OTAN :

• le Conseil de l'Atlantique Nord est composé de 19 ambassadeurs permanents représentant chaque pays membre. Occasionnellement, le Conseil peut se réunir au niveau des chefs d'Etat ou de gouvernement ;

• porte-parole de l'OTAN, le secrétaire général assure toutes les relations extérieures de l'organisation ;

• le Comité militaire est composé de chefs d'état-major des 19 nationalités, assistés d'officiers de haut rang et d'un personnel national.

Sans oublier...

Il ne faut pas oublier l'Agence spatiale européenne (ASE), dont le siège est à Paris et qui emploie environ 1 800 fonctionnaires internationaux. Sa mission principale est d'assurer une certaine coopération entre les Etats en matière de programmes spatiaux.

Citons également l'Office international des épizooties (OIE) qui regroupe aujourd'hui 151 pays et dont l'objectif est de suivre les apparitions et les évolutions des maladies animales dans le monde et d'en informer les gouvernements afin de dégager des normes sanitaires adéquates.

L'Union de l'Europe occidentale (UEO), quant à elle, est responsable de la coopération militaire entre les Etats membres. Le siège est basé à Bruxelles, mais elle a décentralisé des bureaux à Paris et à Torrejon de Ardos en Espagne. Petite structure, elle emploie à ce jour environ 250 fonctionnaires internationaux, dont 65 Français.

Autres entités importantes en Europe : le Centre européen de recherches nucléaires (environ 3 000 fonctionnaires internationaux), l'Organisation pour les recherches astronomiques dans l'hémisphère austral (environ 340 fonctionnaires, dont 70 Français) et Eurocontrol (environ 2 000 fonctionnaires internationaux, dont 330 Français).

2. L'emploi dans les organisations internationales

L'emploi dans les organisations internationales est régi par un principe très simple, toujours soigneusement respecté par les autorités et les recruteurs : seuls les ressortissants dont le pays d'origine est membre d'une organisation internationale peuvent postuler pour un poste dans cette organisation.

Les principes généraux du recrutement

Porte-parole d'une certaine image de marque et d'une réelle intégrité, les organisations internationales affichent des principes de recrutement qui semblent être respectés. Soucieuses de donner une chance à tout le monde, elles proclament l'égalité des chances entre les hommes et les femmes et effectuent leur sélection sur la base des qualifications et des compétences de chaque candidat. Les diverses organisations rejettent également les discriminations pour des raisons de race, de croyance, d'état civil ou d'opinion.

S'il n'y a pas, en principe, de quotas de nationalité, les organisations internationales prônent, en revanche, une répartition équitable entre les diverses nationalités.

Les effectifs des organisations internationales

Les effectifs de l'Organisation des Nations unies

L'ensemble du système des Nations unies (ONU et ses organisations spécialisées) emploie environ 52 300 personnes dans le monde entier, dont 4 700 travaillent au siège, à New York. A titre de comparaison, la société Mc Donald a trois fois plus d'employés et Disney World emploie 50 000 salariés...

Dans un souci d'équilibre financier, des suppressions ou des réductions de postes ont eu lieu depuis quelques années. Le Secrétariat général a ainsi vu son personnel réduire de 25 % en 15 ans : il est passé de plus de 12 000 personnes en 1984-85 à environ 8 700 aujourd'hui.

Les effectifs de l'Union européenne

Environ 28 000 fonctionnaires internationaux travaillent au sein de l'Union européenne, dont 3 500 Français.

20 000 agents exercent leurs fonctions dans le cadre de la Commission européenne, laquelle recrute environ 550 personnes par an. La répartition entre les grades s'effectue de la façon suivante : 6 000 fonctionnaires appartiennent au grade A, 4 000 au grade B, 8 000 au grade C et enfin, 2 000 au grade L.

Le Conseil de l'Union européenne emploie quelques 2 400 fonctionnaires, dont environ 300 administrateurs de grade A et environ 500 traducteurs.

A côté des 626 représentants parlementaires, le Parlement est géré par 3 800 agents, dont environ 400 de grade A. Enfin, la Cour de justice emploie 750 fonctionnaires internationaux, dont 120 appartiennent au grade A.

Si vous ne connaissez pas le système des grades en vigueur dans les organisations internationales, reportez-vous à la deuxième partie pour plus de précisions.

Les effectifs du Conseil de l'Europe

Le Secrétariat du Conseil de l'Europe emploie environ 1 300 fonctionnaires permanents, tous originaires des 40 Etats membres. Ces agents sont répartis de la façon suivante : environ 450 appartiennent au grade A, 600 relèvent du grade B et, 180 du grade C. Le Secrétariat compte également 70 traducteurs et interprètes qui appartiennent au grade L. La plupart des agents travaillent à Strasbourg, mais le Conseil de l'Europe dispose également d'un bureau de représentation à Paris et d'un bureau de liaison à Bruxelles.

Comparé à d'autres organisations internationales, le Conseil de l'Europe est une structure relativement petite. Le recrutement y est par conséquent beaucoup plus faible que dans certains organismes. A titre d'exemple, seulement 102 fonctionnaires permanents ont été recrutés en 1997 (46 pour le grade A ; 49 pour le grade B ; 2 pour le grade C et 5 pour le grade L), et parmi ces nouveaux agents, un grand nombre avaient été recrutés à partir des listes de réserve établies les années précédentes (les listes de réserve sont valables deux ans dans le système du Conseil de l'Europe). En 1998, le recrutement a été quasi inexistant à l'égard des Français.

À la loupe

Les concours du Conseil de l'Europe

Deux catégories de concours sont en vigueur dans le système du Conseil de l'Europe : les concours généraux et les concours spécifiques.
Les concours généraux sont ouverts en priorité aux Etats membres qui sont insuffisamment représentés au sein du Conseil. Les dernières vagues de recrutement ont vu arriver des agents provenant des pays de l'Europe centrale et orientale, conséquences des récentes adhésions.
En revanche, les concours spécifiques sont organisés pour pourvoir aux vacances de postes. Ces concours sont ouverts à tous les ressortissants des Etats membres du Conseil de l'Europe. Exceptionnellement, ils peuvent être réservés à des ressortissants d'Etats mal représentés.

Les effectifs de l'OCDE

Le Secrétariat comprend 1 850 agents, dont environ 700 économistes, scientifiques et juristes, répartis dans une douzaine de directions.

La répartition du personnel au sein du Secrétariat s'effectue de la façon suivante : environ 940 fonctionnaires travaillent au sein des services administratifs (90 postes d'administrateurs sont vacants chaque année), environ 690 au sein des services professionnels et environ 190 dans les services techniques et d'entretien. Enfin, ces personnels sont secondés par quelque 70 linguistes, traducteurs et interprètes.

Le recrutement au sein de l'OCDE est original comparé à d'autres organisations internationales : aucun concours annuel n'est organisé et les postes sont pourvus au fur et à mesure des vacances. Cependant, les candidats peuvent faire acte de candidature à tout moment de l'année, sans attendre une éventuelle vacance de poste. Les candidats retenus sont consignés dans une liste de réserve et seront contactés par les ressources humaines pour un entretien, si un poste devient disponible.

Autre particularité : l'OCDE n'est pas obligée de respecter des quotas de nationalités, même si dans les faits, elle s'efforce d'assurer une répartition équitable des postes entre les ressortissants des Etats membres.

À la loupe

Le programme des jeunes professionnels de l'OCDE

Le programme des jeunes professionnels de l'OCDE est un engagement de deux ans. Chaque contrat implique deux affectations différentes et successives dans les diverses activités de l'OCDE.
Ce programme s'adresse à des candidats ayant des profils bien précis. Ces candidats doivent :

- être ressortissants d'un pays membre de l'OCDE,
- être âgés de 26 à 33 ans au 1er septembre 1999,
- être titulaires d'un diplôme d'études supérieures,
- avoir une formation économique ou une formation dans un autre domaine en relation avec les travaux de l'Organisation,
- être dotés d'une expérience professionnelle appropriée,
- maîtriser l'anglais ou le français et être aptes à rédiger dans l'une de ces deux langues,
- être aptes à travailler en équipe dans un environnement pluri-culturel.

Attention : le prochain programme débutera à l'automne 1999.

▶ **Contacts :** OCDE. Division de la gestion des ressources humaines.
2, rue André-Pascal. 75775 Paris Cedex 16
Tél. : 01 45 24 82 00
Internet : www.oecd.org/hrm/ypp.htm

Partie II

Le fonctionnaire international

L'objectif de cet ouvrage n'est pas de décrire un par un, et de façon exhaustive, tous les métiers de la fonction publique internationale. Cette tâche s'avérerait impossible, tant la notion de fonction publique internationale est vaste et englobe divers corps de métiers. Toutes les professions sont en effet représentées au sein des organisations internationales, de la secrétaire à l'économiste, du spécialiste en relations internationales au juriste, du jardinier au responsable des fournitures, pour ne citer que quelques exemples parmi tant d'autres...

Dès qu'on aborde le sujet de la fonction publique, un constat déroutant s'impose : la fonction publique souffre d'une mauvaise image de marque en France, qu'elle soit nationale ou internationale. Les salariés du secteur privé ont en effet tendance à assimiler la fonction publique et les fonctionnaires à quelques groupes d'individus, sans cesse ralentis par des problèmes d'informatique ou de hiérarchie, et peu dynamiques. La réalité est tout autre. Evitez donc de tomber dans le piège du stéréotype et de renoncer à une belle carrière internationale sous prétexte que la fonction publique a mauvaise presse aux yeux de quelques irréductibles !

Au-delà des clichés, nous allons essayer de vous tracer un état des lieux concret : qui sont les fonctionnaires internationaux ? Quel est leur statut une fois qu'ils ont intégré une structure internationale ? Quels sont leurs droits et leurs obligations ? A quelle couverture sociale peuvent-ils prétendre ? Quels sont les grades et les grilles de salaires ?

N.B. : sauf mention contraire, les montants des rémunérations sont indiqués en francs mensuels nets.

1. Statut du fonctionnaire international

Définition du fonctionnaire international

Les fonctionnaires internationaux constituent une catégorie de travailleurs à part.

La définition officielle du fonctionnaire international est la suivante : « *le fonctionnaire international est tout individu chargé par les représentants de plusieurs Etats ou par un organisme agissant en leur nom, à la suite d'un accord interétatique et sous le contrôle des uns ou de l'autre, d'exercer, en étant soumis à des règles juridiques spéciales, d'une façon continue et exclusive des fonctions dans l'intérêt de l'ensemble des Etats en question* ».

Se voir attribuer le statut de fonctionnaire international par une organisation entraîne donc des conséquences importantes, surtout au niveau des garanties et des avantages : le fonctionnaire international bénéficie en effet de nombreux privilèges et immunités, dont ne jouissent pas les fonctionnaires nationaux. En contrepartie, les fonctionnaires internationaux s'engagent à respecter certains principes, sous peine de sanctions (que vous trouverez décrites dans les pages consacrées aux obligations des fonctionnaires internationaux).

Deux principes peuvent aider à caractériser le fonctionnaire international : le principe d'indépendance et le principe d'exclusivité dans l'exercice des fonctions.

Le principe d'indépendance

Parce que le fonctionnaire international remplit une mission qui dépasse le cadre étatique national, son statut lui assure une entière indépendance dans l'exercice de ses fonctions. Cela signifie qu'il n'est responsable que devant l'organisation internationale qui l'emploie et que les Etats membres ne peuvent en aucun cas s'interposer et faire pression sur son ressortissant national dans l'accomplissement de ses fonctions.

Le principe d'exclusivité dans l'exercice des fonctions

Parce qu'il est investi d'une mission internationale, le fonctionnaire doit se consacrer entièrement à l'accomplissement de ses devoirs au sein de l'organisation. Il ne peut donc accepter de missions d'ordre privé parallèlement à ses fonctions publiques.

Le fonctionnaire international est donc un personnage investi par une structure juridique internationale de certaines prérogatives, qui ne le placent certes pas au-dessus des lois nationales, mais qui lui permettent de remplir les missions décidées par les autorités exécutives de l'organisation en question.

Droits et obligations du fonctionnaire international

Les droits attachés à l'exercice des fonctions internationales

Le traitement des fonctionnaires internationaux

Que cela soit dit : les fonctionnaires internationaux, contrairement à leurs homologues nationaux, perçoivent des salaires très attrayants.

Les fonctionnaires internationaux sont rémunérés par l'organisation qui les emploie, selon des grilles de traitement bien précises. Ainsi, par exemple, dans le cadre de l'Union européenne, les traitements mensuels varient de 12 470 francs bruts à 91 520 francs bruts. Salaires alléchants n'est-ce pas ! Voilà une raison de plus pour vous tourner vers la fonction publique européenne.

En revanche la description des traitements au sein des autres organisations internationales, et plus particulièrement au sein de l'ONU est plus délicate, plusieurs facteurs intervenant dans le calcul du traitement : pays d'origine du fonctionnaire, niveau d'études, qualification, famille à charge ou non.

Indemnités

Toutes les organisations internationales prévoient dans leurs statuts des indemnités qui peuvent être versées aux fonctionnaires, soit dans l'exercice de leurs fonctions, soit dans le cadre de leur vie quotidienne, professionnelle ou familiale. Indemnité de dépaysement ou d'expatriation, indemnité de logement, indemnité pour charge de famille, ou encore indemnité pour les frais de scolarité des enfants peuvent représenter une part non négligeable du revenu du fonctionnaire international.

Les rémunérations et les prestations versées par ces organisations internationales ne sont pas imposables en France. Ainsi, pour les fonctionnaires européens, les cotisations fiscales sont prélevées au profit du budget de l'Union européenne.

La couverture sociale

Pour l'assurance maladie et l'assurance vieillesse, les fonctionnaires internationaux sont obligatoirement affiliés aux systèmes de protection sociale de l'organisation qui les emploie.

S'il le désire, le fonctionnaire peut également souscrire auprès de la Caisse des Français de l'étranger une assurance volontaire qui le couvrira, ainsi que sa famille, pendant ses séjours temporaires en France.

Depuis 1996, la Caisse nationale de prévoyance (CNP) et l'Association pour la protection sociale des fonctionnaires internationaux (APSFI) ont mis sur pied un système d'assurance chômage qui ne prend pas en compte les grades et la nature des contrats internationaux ; seule l'ancienneté intervient pour le calcul des cotisations.

À la loupe

Les compléments de salaires et les prélèvements de salaires des traitements des fonctionnaires européens

Les compléments de salaires :

- indemnité de logement : 5 % du traitement de base, avec un plafond minimum de 1 094 francs ;
- indemnité pour charge de famille : 1 410 francs par enfant de moins de 26 ans ;
- indemnité pour frais de scolarité. Son montant dépend de plusieurs facteurs : le niveau d'études de l'enfant, le lieu le plus proche de l'établissement scolaire, l'âge de l'enfant (26 ans maximum). Le plafond maximum s'élève à 1 260 francs par enfant ;
- indemnité de dépaysement ou d'expatriation : 16 % du traitement de base, avec un plafond minimum de 2 520 francs ;
- prime spécifique aux personnels de secrétariat de grade C : indemnité forfaitaire de 660 francs à 1 000 francs selon les échelons ;
- indemnité variable spécifique aux fonctionnaires européens en poste dans des pays tiers, à l'exception des pays dans lesquels les conditions de vie sont jugées équivalentes à celles de l'Union européenne. Il existe une prime de risque dans les pays où la sécurité physique est mise en jeu.

Les prélèvements :

- cotisation retraite : 8,25 % du traitement de base ;
- cotisation maladie : 1,70 % du traitement de base ;
- cotisation accident : 0,10 % du traitement de base ;
- impôt communautaire :
  - 8 à 45 % du traitement de base et des différentes indemnités perçues, à l'exception des allocations familiales ;
  - déduction des cotisations sociales et abattements forfaitaire de 10 %, spécifique par enfant à charge ;
- contribution temporaire (impôt exceptionnel, en vigueur jusqu'en juillet 2001 en principe) : 5,83 % du traitement de base, déduction faite des contributions sociales, d'une partie de l'impôt et d'un montant forfaitaire correspondant au traitement de base d'un fonctionnaire de grade D4.

(Source : *Réussir à l'étranger* édité par Français autour du monde. 3, rue du Pont Madame. 78740 Breuil-en-Vexin).

Les obligations liées à l'exercice des fonctions internationales

Le devoir d'obéissance hiérarchique

L'obligation d'obéissance est, en principe, de portée générale et s'applique aussi bien aux fonctionnaires civils que militaires. Cela signifie que les fonctionnaires internationaux doivent se conformer aux instructions émanant de leur supérieur hiérarchique et aux mesures prises dans le cadre de la mission de l'organisation. Il en résulte que l'étendue du devoir d'obéissance peut varier selon la catégorie professionnelle, le niveau hiérarchique détenu et la nature des fonctions exercées.

Le degré d'obéissance est cependant tempéré pour certains fonctionnaires internationaux : les juges des cours internationales échappent, par exemple, à toute subordination.

L'interdiction du cumul d'activités

On comprend aisément les problèmes que peut entraîner le cumul d'un emploi public avec une activité privée. En effet, d'un point de vue matériel, il paraît difficile pour un fonctionnaire international de mener de front deux activités professionnelles sans que l'une d'entre elles en pâtisse : le fonctionnaire pourrait être tenté de sacrifier l'intérêt de l'organisation internationale au développement de son activité privée.

Autre danger : le fonctionnaire international pourrait être incité à commettre des actes et des faits contraires à l'intérêt de l'organisation internationale afin de favoriser son activité professionnelle privée. Aussi doit-il s'engager à travailler exclusivement pour l'organisme auquel il appartient.

L'obligation de discrétion et de secret professionnel

Les fonctionnaires internationaux accèdent souvent à des informations de nature confidentielle dans l'exercice de leurs fonctions ; c'est pourquoi la pratique internationale prévoit la protection juridique de ces données.

La « discrétion professionnelle » est une obligation instituée dans l'intérêt de la structure internationale et destinée à protéger des informations dont la divulgation pourrait nuire à l'accomplissement normal de son bon fonctionnement. Elle s'impose à tous les fonctionnaires internationaux et recouvre une étendue très large puisque tout ce qui concerne la vie interne et l'action de l'organisation internationale est présumé confidentiel et devra être tenu secret par le fonctionnaire, sous peine de sanctions.

Le « secret professionnel » est plus restreint, puisqu'il est destiné à protéger les secrets des particuliers. Dans ce cas, il concerne non seulement les informations confiées comme étant secrètes au fonctionnaire international, mais aussi toutes les données dont il a pu avoir connaissance à l'occasion de l'exercice de ses fonctions.

Le loyalisme à l'égard de l'organisation

Cette notion de loyalisme englobe deux obligations distinctes. Il faut bien comprendre qu'en acceptant leur statut, les fonctionnaires internationaux s'engagent à se consacrer entièrement aux fonctions qu'on leur a confiées et à faire preuve d'un grand respect des principes de l'organisation qui les emploie. Un comportement laxiste ou outrageant à l'égard des activités menées par l'organisme international pourrait aboutir à des sanctions disciplinaires sévères.

2. Statut du personnel non fonctionnaire

Plusieurs personnages peuvent travailler au sein d'une organisation internationale. A côté du fonctionnaire international, qui est recruté sur dossier ou par voie de concours, d'autres personnes peuvent également être investies d'une mission à caractère international : il s'agit des agents temporaires et des personnels extérieurs. Toutes ces personnes bénéficient d'un régime juridique spécifique, bien distinct du régime applicable aux fonctionnaires internationaux.

L'agent temporaire

Comme son nom l'indique, l'agent temporaire est recruté pour une durée déterminée et pour remplir une mission précise, scrupuleusement définie dans le cadre de son contrat. Même s'il n'intervient qu'au coup par coup et de façon ponctuelle, son aide est précieuse pour le personnel de l'organisation internationale car sa mission est, en général, de dispenser des conseils techniques.

Les contrats sont en principe limités à trois ans. Une prolongation d'un an est néanmoins possible.

Le personnel extérieur

Le statut des personnels extérieurs est nettement plus large et recouvre plusieurs notions : fonctionnaire détaché de son administration, consultant d'entreprise, coopérant du service national, stagiaire...

Le personnel détaché

Le fonctionnaire détaché dans une organisation internationale est nommé par une administration nationale d'un Etat membre, pour une durée de trois ans maximum. Ce fonctionnaire conserve donc le statut d'agent public national de son pays d'origine, même s'il doit se soumettre aux règles en vigueur dans la structure internationale et si sa rémunération n'est plus assurée par son administration d'origine, mais par l'organisation internationale auprès de laquelle il a été détaché.

Les principaux ministères français à embaucher dans le cadre d'une organisation internationale sont les suivants : ministère de l'Education nationale, ministère de la Recherche et de la Technologie, ministère de l'Economie, des Finances et de l'Industrie, ministère de l'Equipement, des Transports et du Logement, ministère de l'Agriculture et de la Pêche.

Une autre catégorie de travailleurs peut également être détachée au sein d'une organisation internationale : les consultants d'entreprise. Dans ce cas, il ne s'agit plus de personnages publics, mais de salariés issus du secteur privé et détachés par leur entreprise d'origine pour une mission très précise, qui ne peut excéder trois ans. Comme dans le cadre du fonctionnaire détaché, la rémunération est assurée par l'organisation internationale.

Le coopérant

Le coopérant part travailler au sein d'une organisation internationale dans le cadre de son service national ou en tant que personnel français mis à la disposition des autorités du pays d'affectation.

Si vous êtes tenté par l'étranger, mais si l'expérience vous fait peur, ne sachant pas dans quel cadre partir dans un premier temps, aucune hésitation n'est permise : le contrat de coopération est fait pour vous ! Il allie en effet deux avantages majeurs : il vous permet de découvrir un pays étranger et constitue un bon moyen pour apprendre à travailler dans un organisme international.

Mais attention, tous les secteurs d'activité ne font pas appel à des coopérants. Les principaux contrats de coopération sont signés dans les domaines suivants : enseignement et formation, développement rural, développement industriel, équipement et santé.

▶ **Contacts :** Bureau commun du service national de la coopération. 57, boulevard des Invalides. 75007 Paris.
Tél. : 01 43 17 97 00 (ou 99 00)

Le stagiaire

Les stages au sein d'un organisme international sont très recherchés et constituent une denrée rare, même si chaque année un grand nombre d'institutions internationales proposent aux jeunes diplômés des stages, avec des durées et des contenus très divers.

Si vous souhaitez postuler pour un stage, sachez que le niveau minimal requis est la maîtrise (ou son équivalent). Et même si vous justifiez d'un niveau d'études satisfaisant, votre candidature aura toutes les peines du monde à se démarquer des autres, tant les demandes sont nombreuses. Ainsi, en 1997, la Commission européenne a reçu 12 000 candidatures pour 1 200 postes. De son côté, le Comité économique et social de l'Union européenne a dû faire face à 1 500 postulants pour seulement 22 postes proposés...

À noter

Les divers professionnels qui travaillent avec ou autour de l'Union Européenne

On évalue à 12 000 à 13 000 le nombre de personnes qui travaillent en collaboration avec l'Union européenne. Ces personnes sont issues d'organismes aux finalités diverses, qu'on peut classer en quelques grandes catégories :

- environ 800 antennes permanentes nationales (d'entreprises, de régions, d'organisations professionnelles, d'organismes publics ou semi-publics) ;
- quelque 750 regroupements professionnels européens ;
- plus de 500 cabinets de conseil, d'assistance technique ou juridique ;
- environ 200 organisations non gouvernementales (ONG) européennes ;
- des journalistes accrédités, des centres de recherche et des cabinets organisateurs de conférences.

(Sources : *Réussir à l'étranger*, coordonnées page 49).

3. Un fonctionnaire présent dans tous les corps de métiers

Il est impossible de décrire tous les métiers de la fonction publique internationale : toutes les catégories d'activités sont en effet représentées au sein de ces organismes internationaux. Ainsi, le Comité de la fonction publique internationale (CFPI) a recensé quelque 400 corps de métiers différents à l'ONU en 1987, comprenant aussi bien des ingénieurs que des jardiniers.

S'il n'est pas possible d'établir une liste complète des postes en activité au sein des organisations internationales, on peut en revanche décrire les principales catégories professionnelles.

Les services administratifs

Comme leur nom l'indique, les services administratifs s'occupent de toute l'organisation interne de la structure internationale.

Trois missions majeures leur sont imparties :

- ils surveillent les problèmes administratifs et financiers qui sont susceptibles d'intervenir et d'entraver la bonne marche des activités de l'organisation ;
- responsables de la gestion, les administrateurs se chargent de la programmation des activités, de l'organisation des organes interétatiques, des conférences et des réunions d'experts. Ils se chargent également du recrutement, de la formation et de l'administration du personnel ;
- les services administratifs sont également responsables de l'entretien des bâtiments et de leur sécurité, ainsi que de l'achat et de la maintenance du matériel.

À la loupe

Administrateur du personnel à l'ONU

L'administrateur du personnel occupe un poste clé, à responsabilités multiples. Dans un premier temps, l'administrateur est responsable de la rédaction et de la mise en forme des circulaires administratives et des notes de service. Il peut, en outre, approuver des avant-projets en fonction des observations apportées par leurs rédacteurs et, après des entretiens supplémentaires avec les réviseurs, établir les versions définitives pour approbation.
Dans un deuxième temps, l'administrateur sera amené à répondre aux questions de routine du personnel, et en particulier, aux problèmes d'interprétation des circulaires administratives. Il devra également organiser des réunions d'information individuelles à l'intention du personnel administratif affecté aux bureaux permanents des organisations internationales. Dans un souci d'adaptation perpétuelle, l'administrateur devra déterminer la nécessité d'établir de nouvelles procédures en matière de gestion du personnel et formuler le cas échéant, des propositions de changement.

Le traitement annuel d'un administrateur de grade P1 est compris entre 33 988 et 43 449 dollars pour un fonctionnaire non chargé de famille, et entre 43 346 et 46 346 dollars pour un fonctionnaire chargé de famille.

Parce que l'administration interne est une chose primordiale pour toute organisation internationale qui se respecte, le recrutement au sein des services administratifs est draconien. Si vous n'êtes pas titulaire d'un bac + 4 minimum, ou de son équivalent, ce n'est même pas la peine d'essayer, vous serez refoulé ! En plus d'un niveau d'études élevé, les organisations internationales exigent, outre l'anglais, la maîtrise parfaite d'une seconde langue étrangère. Si vous avez quelques lacunes en la matière, n'attendez pas pour les combler.

Pour leurs services administratifs, les organisations internationales recrutent tout particulièrement des spécialistes en gestion des ressources humaines, en gestion financière, en approvisionnement et en analyse de gestion qui ont, le plus souvent, déjà une expérience au sein d'un organisme international.

Parole de Pro

Sciences-Po, une formation généraliste solide

Frédéric Vincent, 31 ans, est administrateur à la Commission européenne. Après une formation à Sciences-Po Paris option service public, Frédéric est diplômé en troisième cycle « collectivités locales » de l'université Paris I, « *une formation prête à l'emploi* » selon lui. Il a passé ensuite le concours de catégorie A en 1992 (A8 pour « administrateur adjoint ») et parvient à intégrer la Commission européenne en juillet 1994 à Bruxelles après un stage de 6 mois (le concours se déroule sur plusieurs mois entre les sessions d'écrit et d'oral qui se fait dans une autre langue de l'Union).
« *La Délégation générale est très mobile et l'on peut passer d'un secteur à l'autre* », nous dit-il à propos du service auquel il appartient. Il a débuté à l'Agriculture puis, après deux ans, il a intégré le service communication de la délégation parisienne. Il est chargé de communiquer sur la politique communautaire de Bruxelles par des lettres hebdomadaires du bureau, de préparer la journée de l'Europe.
« *Ce que j'aime dans mon travail*, souligne Frédéric, *c'est la grande mobilité, la flexibilité ; j'ai une vision horizontale de la politique communautaire. Ce qui me manque, c'est l'ambiance internationale de Bruxelles où il faut avoir une ouverture d'esprit sur les différentes éducations.* »
Quand il était étudiant à Sciences-Po, il pensait déjà intégrer une institution européenne ; « *le concours est aujourd'hui devenu plus sophistiqué, il y a des tests de logique qui n'existaient pas. Il faut connaître le droit et bien entendu parfaitement les institutions européennes. La formation de préparation aux concours à Sciences-Po aide : sur 40 Français qui ont réussi le concours en 1992, 30 avaient fait Sciences-Po.* »

Salaire : 22 000 francs. Catégorie A6.

Les services juridiques

Aujourd'hui, si le droit international, et en particulier le droit européen, est parvenu à s'implanter profondément dans la réalité juridique des Etats membres de l'Union européenne, c'est parce qu'il a été conçu, interprété et appliqué comme une règle uniforme par les juridictions nationales, les administrations et les ressortissants de tous les pays membres. Afin de maintenir l'émergence de cette ascension juridique, les organisations internationales recrutent des juristes chevronnés. Si vous n'êtes pas titulaire d'un diplôme « hyper » spécialisé, de type DEA ou DESS, ce n'est pas la peine de poser votre candidature ou de tenter un concours.

Les cours de justice internationales ont une autre acception de la justice que celle du service public judiciaire tel que nous le concevons en France. Leur rôle n'est pas, en principe, de trancher des conflits internationaux opposant des particuliers de deux nationalités différentes, mais de résoudre des litiges opposant deux Etats membres, ou un Etat membre à un ressortissant national qui s'estime lésé dans l'application du droit international (pour la Cour européenne des droits de l'Homme principalement). Moteurs des organes juridictionnels, les juristes à la Commission et à la Cour européenne des droits de l'Homme, par exemple, examinent les requêtes dans le cadre de la Convention européenne des droits de l'Homme. Ils peuvent également préparer les dossiers juridiques, effectuer des recherches en droit et rédiger des documents de nature juridique ou générale.

Les services juridiques, qui sont à distinguer des organes juridictionnels, sont polyvalents et interviennent à plusieurs niveaux :

• ils peuvent être consultés dans l'élaboration des textes juridiques (traités, lois, directives, décrets, contrats, avis juridiques...) et dans l'interprétation des règles du droit international ;

• ils peuvent dispenser des conseils en matière de litiges commerciaux relevant du droit international ou du droit privé ;

• ils interviennent en cas de difficulté dans les relations entre des Etats membres ou en cas de conflit avec les membres du personnel ;

• ils peuvent également intervenir dans la conclusion et l'application des contrats conclus par l'organisation internationale qui les emploie ;

• ils représentent le secrétaire général ou le directeur général, selon l'organisation, devant la Cour internationale de justice et dans le règlement des litiges.

A côté du personnel des juridictions internationales, qui reste le même que dans les cours nationales (magistrats, greffiers...), le personnel des services juridiques, au sens strict, est relativement restreint et trié sur le volet. Les organisations internationales n'emploient que des personnes titulaires de diplômes spécialisés dans les statuts des personnels, dans les accords de siège ou dans le droit international public, et qui possèdent une connaissance pratique du français ou de l'espagnol, en plus de l'anglais.

Le droit et une spécialisation, ce peut être la clef...

Patrice Billaud, 34 ans, est chargé de mission du directeur exécutif à l'Organisation de coopération et de développement économiques (OCDE). Jeune homme posé et pertinent, Patrice est juriste sur le contentieux du personnel, entre la direction des Affaires juridiques et la direction des Ressources humaines. Il est plus particulièrement en charge de la conception d'un projet de refonte du statut du personnel de l'OCDE.

Patrice a étudié le droit public à l'université de Paris II tout en suivant les cours de Sciences-Po, section économie et finances, puis il a obtenu un DEA droit international, un DESS administration des organisations internationales et enfin une thèse en droit des finances publiques internationales qu'il soutient en 1995. A l'OCDE depuis sept ans, Patrice avoue que ce n'était pas vraiment son souhait au départ : « *C'est au travers de mes études que j'ai trouvé de grands intérêts aux organisations internationales : j'ai effectué mon stage de DESS aux Nations unies à New York pendant quatre mois (non rémunéré). J'ai montré de l'intérêt pour le milieu et j'ai été rappelé l'année suivante pour un contrat de deux ans comme conseiller juridique et assistant du tribunal administratif des Nations unies (équivalent de nos Prud'hommes)* ». Patrice quitte un peu les organisations internationales et passe le concours de la CNIL (Commission nationale informatique et libertés) où il gère les fichiers police/défense, mais il ne laisse pas de côté le milieu international en étant en contact avec l'équivalent des autres CNIL dans le monde. Sollicité par un des administrateurs de l'OCDE qui part en retraite, il occupe son poste aujourd'hui.

S'il a été embauché grâce à une formation juridique (l'organisation n'a principalement que des juristes et économistes), Patrice souligne qu'une spécialisation est nécessaire : « *Il faut faire du droit international avec une spécialisation dans des domaines pointus car les formations recherchées ici sont du domaine du droit fiscal ou du droit au développement* ».

« *Toutefois*, précise-t-il, *l'OCDE doit faire face à des coupes budgétaires et le recrutement est limité; il se fait au coup par coup. Tout dépend des options idéologiques des pays membres : les Etats-Unis, principaux financiers de l'organisation, se refusent aujourd'hui à payer, ceci explique les réductions de budget et donc une diminution du personnel.* »

« *On assiste ainsi à la disparition du métier de secrétaire*, reconnaît Patrice, *les assistants seront toujours indispensables, mais à un niveau plus élevé ; aujourd'hui, les statisticiens que nous recrutons sont très spécialisés.* »

Patrice avoue sa passion pour son métier et se déclare comblé : « *J'ai une grande autonomie, je peux gérer mon travail moi-même. De plus*, continue Patrice, *j'aime me retrouver avec des collègues d'une formation juridique différente, c'est une organisation qui bouge et s'interroge en permanence, les conditions de travail sont favorables et il est intéressant d'assister au développement important des relations entre les familles inter-institutionnelles avec les organisations coordonnées (Union de l'Europe occidentale, Conseil de l'Europe...)* ».

> Malgré tout, Patrice confie que l'organisation est une bureaucratie difficile à gérer, avec parfois la frustration des pays membres, qui ne semblent pas satisfaits des efforts du personnel de l'organisation.
>
> Salaire : 35 000 francs. Catégorie A (administrateur).

Bon à savoir : des emplois sont parfois disponibles en droit des brevets, droit d'auteur et droit du travail, de même qu'en droit de l'immigration et des réfugiés. Renseignez-vous, vous tomberez peut-être au bon moment.

Les services économiques

La croissance économique et la mise en place d'infrastructures dans les pays en voie de développement constituent l'un des domaines d'activité qui prennent actuellement une importance croissante dans le cadre d'une organisation internationale.

Toute une gamme de spécialisations sont présentes au sein de ces services : conception et réalisation d'études portant sur divers domaines de l'activité économique ; élaboration de modèles pour les prévisions à long terme et l'établissement des stratégies de développement, mais encore, organisation, mise au point et suivi de projets d'assistance technique.

À la loupe

> **Economiste agricole à l'Organisation des Nations unies pour l'alimentation et l'agriculture (AAO/FAO)**
>
> Sous l'autorité générale du chef de service, l'économiste doit apporter un soutien technique et participer aux activités du service du secteur agricole dans le développement économique (ESAE).
>
> Plus précisément, cela signifie que l'économiste se verra confier des tâches de préparation et de coordination du travail de l'ESAE en matière de ressources naturelles et d'environnement. Il devra également entreprendre des études sur des questions relatives à l'économie des ressources naturelles et de l'environnement, notamment en ce qui concerne le développement agricole et le développement économique général. De nouveaux types d'études sont également de plus en plus confiées aux économistes ;

elles portent sur l'interaction entre les politiques agricoles spécifiques et les politiques macro-économiques, ou encore sur l'agriculture et le développement rural durables (ADRD).
L'économiste devra aussi analyser les principaux aspects des ressources naturelles, dans le contexte du développement agricole et économique général et en tirer des conclusions de politique générale. Il devra, en outre, préparer des instruments techniques et analytiques pour les activités de l'Organisation et de la division concernant l'agriculture et le développement rural durables (ADRD) et participer aux travaux des comités.
La préparation des rapports à soumettre aux organes de la FAO constitue un autre aspect de son travail, mais il s'inscrit alors dans un travail collectif et de longue durée.

Le traitement annuel d'un économiste de grade P4 est compris entre 58 190 et 73 036 dollars pour un fonctionnaire non chargé de famille, et entre 62 505 à 78 790 dollars pour un fonctionnaire chargé de famille.

Les services linguistiques

Les services linguistiques sont très variés. Diverses spécialités y sont représentées : traduction, interprétation, édition, rédaction de procès-verbaux de séance, terminologie, préparation de copies ou encore correction d'épreuves.

Parce que la communication et le langage occupent une place prédominante au sein d'une organisation internationale, les linguistes sont triés sur le volet. Ces exigences sont nettement compréhensibles : il est, en effet, hors de question que des prises de décisions soient ralenties par des problèmes d'interprétation ou de traduction. Que cela soit bien clair : si vous n'êtes pas parfaitement bilingue ou trilingue et si vous n'êtes pas titulaire de diplômes « bétons », vous n'avez aucune chance. Votre candidature n'ira pas plus loin que la poubelle. Et une fois le poste intégré, il ne s'agit pas de crier victoire, car l'activité nécessite des nerfs d'aciers et de grandes capacités pour faire face à l'imprévu.

Il va sans dire qu'un traducteur qui exerce des activités au sein d'une organisation internationale doit maîtriser plusieurs langues étrangères. Ces compétences linguistiques lui permettront de traduire, dans les plus brefs délais, des rapports, des résolutions et des communiqués officiels portant sur toute la gamme des questions d'ordre social, politique, technique, financier ou autre qui pourront être débattues au cours des réunions entre les différents membres.

Les interprètes sont également mis à l'épreuve quotidiennement : ils traduisent à chaud, oralement et souvent sans pouvoir s'appuyer sur un texte écrit, des discours dont ils doivent bien se garder de trahir la teneur.

Les rédacteurs de procès-verbaux établissent des comptes rendus écrits des débats des principaux organes des structures internationales. Les éditeurs, quant à eux, veillent à l'exactitude matérielle des documents et publications et s'assurent qu'ils respectent les règles du style et de présentation de l'organisation internationale pour laquelle ils travaillent. Enfin, les préparateurs de copies et les correcteurs d'épreuves sont responsables de la mise en pages et de la présentation typographique des documents et publications de l'organisation, y compris ceux établis par publication assistée par ordinateur (PAO).

Parole de Pro

Traducteur, une exigence de qualité

Dominique Bertaud, 51 ans, est chef de la section de traduction française à l'Organisation maritime internationale (OMI).
Avec une licence d'anglais de l'université de Poitiers, Dominique pense tout d'abord à l'enseignement et passe son Capes (certificat d'aptitude au professorat de l'enseignement du secondaire), puis s'intéressant aux fonctions internationales, il décide, dans les années 70, de tenter les concours de l'OMI. Il réussit et entre à l'OMI qui s'occupe des problèmes internationaux liés au monde maritime avec d'une part, une partie technique sur la prévention des incendies, de la communication par satellite, des radars..., d'autre part la prévention de la pollution des mers, ainsi que des dispositions juridiques quant aux conditions de transport des passagers.
Dominique dirige le service de la section française de 15 personnes qui traduit en français les textes de conventions, les rapports de comités depuis les trois langues officielles de l'organisation (anglais, français, espagnol) ainsi que les langues moins générales (russe, chinois, arabe).
« *Il y a beaucoup de prestige à travailler à l'OMI parce qu'il y a d'énormes exigences, nous nous devons d'être les meilleurs* », souligne Dominique. « *Nous devons rendre un travail de qualité avec une rapidité d'exécution. C'est un milieu international qui nécessite une ouverture sur les différentes cultures, avec de bonnes conditions d'emploi pour les permanents.* »
« *C'est un travail difficile*, reprend Dominique, *mais avec beaucoup de satisfactions : on prend conscience de participer à un système de règles qui sont les résultats des négociations entre des partenaires à égalité bien qu'elles soient parfois longues, l'organisation ne pouvant pas réagir ; on doit considérer tous les intérêts.* »

« *Pour se former à la traduction, les écoles de Genève, Paris, Strasbourg, ont bonne réputation* », mentionne Dominique. « *Les linguistes sont recrutés par concours ou en cas de vacance, l'organisation fait appel à eux. Les permanents ont un contrat de 2 ans qui peut être prolongé pour une durée de 5 ans. Des temporaires sont recrutés pour 2 à 6 semaines.* »
Pour Dominique, la filière universitaire ou celle des écoles se valent ; il faut une formation de linguiste solide avec un minimum de deux langues, ainsi qu'une expérience dans le privé.
« *Il est toutefois difficile d'intégrer une organisation*, spécifie Dominique, *il y a de nombreuses candidatures, les écoles forment de nombreux traducteurs et peu de postes sont à pourvoir.* »

Salaire : 2 500 £ (soit 24 000 francs).

Les services financiers

Toutes sortes de financiers peuvent trouver leur bonheur parmi le panel de postes offerts par les différents organismes internationaux. Du comptable à l'analyste financier et du vérificateur au gestionnaire de fonds, chacun peut faire son trou !

Pour faire bref, on peut observer que les comptables participent au suivi de l'exécution du budget ordinaire de l'organisation, et à la gestion de divers fonds d'affectation spéciale. Quant aux analystes financiers, ils sont au service des principaux organes de l'organisation internationale et des Etats membres : ils leur dispensent de multiples informations et conseils et répondent à leurs questions sur d'éventuels problèmes financiers. Les vérificateurs sont responsables du contrôle des comptes de toutes les branches d'activités de l'organisation. Enfin, les gestionnaires de fonds gèrent et placent les avoirs des pensions du personnel de l'organisme international.

Parole de Pro

Une formation préalable dans le privé indispensable

Isabelle Duvaux-Bechon, 39 ans, est coordinatrice au budget de l'Agence spatiale européenne (ESA). Elle s'occupe actuellement des tâches horizontales de préparation de budget, des conditions économiques des recharges administratives et techniques, ainsi que de synthèses budgétaires. Diplômée de Centrale Paris, elle est entrée comme ingénieur produit chez Matra et a travaillé sur les satellites de télécommunication ainsi que sur la microgravité (préparation d'expérimentation, chef de projets). En 1988,

elle a rejoint l'ESA par voie de petites annonces.
« *Il y a une grande diversité dans mon travail* », nous dit Isabelle,. « *J'ai la possibilité de travailler sur plusieurs projets internationaux, petits ou grands. En revanche*, souligne-t-elle, *des problèmes politiques selon la répartition géographique, selon le désir des Etats qui financent l'ESA, ne simplifient pas le travail.* »
Isabelle conseille à tout postulant d'un poste technique à l'ESA d'avoir une expérience de l'industrie au préalable : « *Il faut connaître l'industrie auparavant ; il faut également être prêt à travailler dans une ambiance multinationale car chacun travaille différemment, il faut une grande capacité d'adaptation.* »

Salaire : 36 000 francs.

Les services du développement sanitaire et social

Les spécialistes du développement sanitaire et social exercent des fonctions axées sur différents problèmes sociaux ou humanitaires observés dans les différents pays. Ils se penchent ainsi sur des questions très variées parmi lesquelles on peut citer : la prévention du crime, la justice pénale, la lutte contre le trafic de stupéfiants, le développement des institutions et la participation de la population, l'intégration et la protection sociales, l'action en faveur de l'égalité des sexes, ou encore le développement rural (pour ne citer que les principales).

Ils s'occupent aussi des problèmes concernant les jeunes, les personnes âgées et les handicapés. Les questions de démographie théorique et appliquée tiennent également une place importante dans cette sphère d'activité.

Le rôle des spécialistes est d'aller sur le terrain, de faire des études et de proposer des solutions adéquates à chaque problème, pris de façon isolée. C'est un travail de longue haleine, qui nécessite souvent des années d'observation dans un pays.

A noter : de plus en plus, les spécialistes des questions sociales s'occupent de la protection de l'environnement. Il y a des postes à prendre, renseignez-vous .

Parole de Pro

Une petite organisation de la taille d'une PME française

Thierry Chillaud, 45 ans, est chef du service de l'information et des échanges internationaux à l'Organisation internationale des épizooties (OIE). Il est chargé de communiquer l'information sur les maladies animales et la situation zoosanitaire des pays, donnant lieu à une base de données destinée à être publiée ainsi qu'à l'élaboration de recommandations et à un rapport mensuel des pays publié en anglais, français, espagnol et russe. Il communique également les informations d'urgence sur un événement épidémiologique exceptionnel par Internet ou par fax. Thierry s'occupe aussi des échanges internationaux, ce qui correspond à la mise à jour du Code zoosanitaire international.

Formé à Maisons-Alfort comme vétérinaire, Thierry s'est spécialisé à l'Ecole nationale des services vétérinaires, école spécifique à l'administration, puis passe le concours pour entrer dans le corps des vétérinaires inspecteurs au ministère de l'Agriculture. Son poste à responsabilités inclut des contacts fréquents avec l'Organisation des Nations unies pour l'alimentation et l'agriculture (FAO), l'Organisation mondiale de la santé (OMS), et l'OIE où le directeur général lui propose le poste qu'il occupe actuellement.

« *Mon activité me permet d'être en contact avec les meilleurs experts en santé animale* », souligne Thierry. « *On voyage beaucoup, cela apporte une ouverture sur le monde ; de plus l'organisation est petite, il n'y a que 30 permanents, donc peu de bureaucratie. La seule difficulté que je puisse rencontrer dans mon travail, c'est le processus de normalisation au niveau mondial étant donné que la norme OIE est celle retenue par l'ONU pour les échanges internationaux.* »

« *Pour entrer à l'OIE*, précise Thierry, *il faut être vétérinaire et avoir l'expérience de l'administration et du commerce international. Pour ma position de chef de service, un appel d'offre a été effectué par chaque délégué des pays membres sur les qualités des candidats qui est vu par le directeur général et le Comité général. Le directeur général décide directement. Il faut maîtriser au moins une langue étrangère qui est le plus souvent l'anglais, langue dans laquelle nous travaillons le plus fréquemment.* »

Salaire: 32 000 francs. Echelon 3.

Les service d'information

Les spécialistes de l'information exercent diverses activités liées à la production des communiqués de presse et des documents d'information de l'organisation internationale, diffusés à la fois sous forme imprimée et sous forme électronique avec accès télématique.

Les services d'information assurent également la couverture

médiatique des différentes réunions internationales de l'organisme et s'occupent des campagnes de promotion des célébrations internationales.

Bon à savoir : les postes, dans le domaine de l'information, sont rares. De plus, ces postes requièrent une longue expérience dans les secteurs de l'information, de la presse, de la radio, du cinéma et de la télévision. Il est souhaitable que les candidats possèdent de l'expérience dans les médias internationaux relatifs aux domaines d'intervention de l'organisation qui les emploie.

Parole de Pro

Portrait d'un Européen atypique

Jacques Nancy, la quarantaine, est directeur adjoint du bureau d'information du Parlement européen à Paris. Homme énergique, Jacques travaille à la fois à Bruxelles et à Paris. A Bruxelles, il prépare les élections prochaines de juin 1999. A Paris, il est chargé de développer les relations avec la presse spécialisée, notamment avec le courrier électronique et les serveurs Internet.

« *J'ai intégré l'Union par conviction européenne parce que Basque, formé à l'université de Pau sous l'égide de monsieur Guy Héraud, spécialiste à l'époque des minorités ethniques. N'ayant pas le baccalauréat, j'ai obtenu une capacité en droit puis une licence à Pau.* » Ensuite, Jacques passe un DEA en relations économiques internationales et européennes à l'université de Toulouse avec M. J. Cros, directeur de la politique régionale à la Commission européenne où il rentre comme stagiaire pendant 6 mois. Il devient contractuel à Paris pour un an, puis deux ans au Conseil des communes et des régions (organisme qui s'occupe notamment des jumelages européens). En 1979, il entre au service de presse du Conseil économique et social et en même temps, il travaille les concours.

« *A mon époque*, précise Jacques, *il y avait 3 500 candidats ; aujourd'hui, il y en a plus de 56 000. Les concours sont devenus très difficiles avec des critères de sélection stupides – les tests de logique – qui ne permettent pas forcément aux gens qui ont l'expérience de l'Union d'y accéder.* »

En 1981, il entre comme conseiller au cabinet de Mme Simone Veil. En 1982, il crée le service d'information sous l'autorité du Belge Guido Naets, système d'information systématisé à Bruxelles, qui publie *Infomémo*, le compte-rendu quotidien des commissions parlementaires, puis à la salle de presse de Strasbourg. En 1989, il devient porte-parole du président du Parlement, M. Enrique Barón Crespo. Il est porte-parole à l'information à Bruxelles en 1992, et en 1995, il met en place un système d'information en anglais et français. Il est rédacteur en chef de la revue éditée dans les deux langues, *Directinfo*.

Depuis février 1999, il a intégré le bureau d'information de Paris, où il exerce en tant que directeur-adjoint.
« *J'aime le contact, communiquer des idéaux*, dit avec conviction Jacques, *faire passer le message à la plus forte concentration de journalistes au monde à Bruxelles qui s'intéressent d'une manière différente à l'actualité selon leurs pays ; tout cela malgré un stress permanent parce que Bruxelles doit donner une réponse précise et différente selon le pays ; il faut arriver à naviguer entre les différentes cultures vers un même objectif.* »
Selon Jacques, une formation généraliste du type droit, Sciences-Po, sciences économiques, parallèlement à une bonne connaissance de l'anglais permettent une capacité d'adaptation plus grande.
« *Il faut lire tout ce qui concerne l'Europe, être prêt à travailler l'été pour effectuer un stage de 6 mois non rémunéré – ils ne sont rémunérés qu'à la Commission –, préparer le concours sur trois ans et... s'accrocher* », termine Jacques.

Salaire: 45 000 francs. Catégorie A4, échelon 7.

Les services de bibliothéconomie

Les services de bibliothèque assurent l'archivage des documents et des publications émises par l'organisation internationale. Ils gèrent également la production et le traitement des données à l'usage des Etats membres, des fonctionnaires internationaux, des chercheurs spécialisés et des missions permanentes de l'organisation.

Dans certaines structures internationales, telles que les Nations unies, un système fonctionnel permet à tous les bibliothécaires de l'organisation de travailler en réseau. Ainsi, les bibliothèques de l'ONU alimentent un réseau de bibliothèques de dépôt réparties dans le monde entier et qui participent à la diffusion de l'information émanant de l'ONU.

Des compétences pointues en documentation et en pratique archivistique sont indispensables si vous souhaitez accéder à un poste de bibliothéconomie dans une organisation internationale. Plusieurs formations offrent un enseignement de qualité en France.
▶ **Pour plus de renseignements**, consultez *Les Métiers du livre*, Lætitia Person, Jeunes Editions, 1999, 69 francs.

Parole de Pro

Documentaliste, la charnière d'une organisation

Marie Teissier, 50 ans, est documentaliste à l'Organisation internationale des épizooties (OIE).

« *Analyser et décrire intellectuellement d'après des critères personnels une documentation variée qui va de l'ouvrage simple au rapport de pays, le traitement d'articles de périodiques et d'une base de données, la réponse aux demandes de documentation externe et interne* », tel est le métier de Marie, qui après des études de langues (maîtrise d'anglais et licence d'espagnol), devient comédienne, puis traductrice, animatrice culturelle à Paris et se décide à passer l'examen de documentaliste, le CAFB (aujourd'hui remplacé par le Capes de documentaliste) en 1990.Elle entre à la BPI (Bibliothèque publique d'information) où elle indexe la littérature grise (actes de congrès, rapports...), travaille dans un cabinet d'expertise d'œuvres d'art, puis à la bibliothèque centrale de la SNCF ; elle est ensuite employée à l'OIE par voie de petites annonces de l'association des documentalistes (l'ADBS) en 1993.

« *La recherche, la diversité, parler plusieurs langues et s'en servir sont des atouts qui me font aimer mon métier* », confie Marie. « *Je suis très indépendante dans mon travail et j'ai une autonomie totale. J'ai l'opportunité de rencontrer des gens très variés bien que l'organisation soit vieille (elle a été créée en 1924) et d'une certaine façon paternaliste. Il faut être ouvert d'esprit pour travailler dans une organisation de ce type, être très disponible, avoir l'esprit d'initiative (il n'y a pas de conseil qui soit donné et les exigences sont fortes), il est également primordial d'avoir au moins une à deux langues étrangères à son actif car il faut fournir un travail de traduction important.* »

Salaire: 13 300 francs.

Les services informatiques

Véritables mines d'or, les organisations internationales offrent des places de choix aux informaticiens, non seulement dans le domaine du traitement de l'information mais aussi dans le secteur des télécommunications et des services d'infrastructure.

Les activités des informaticiens dans le cadre d'une structure internationale sont les mêmes que dans n'importe quelle entité : elles sont multiples. Les informaticiens prennent en charge non seulement la réalisation d'études de faisabilité, la mise au point et l'exploitation des systèmes, l'exploitation de réseaux locaux et de réseaux longue distance, l'assistance aux utilisateurs, la gestion du courrier électronique, mais aussi l'établissement des normes applicables au matériel et aux logiciels utilisés.

Les services de statistiques

Les statisticiens des organisations internationales s'emploient à faire en sorte que les planificateurs et les décideurs nationaux et internationaux puissent s'appuyer sur des statistiques complètes, utiles, à jour et fiables. Vaste programme ! Programme qui est loin d'être inutile puisque, dans leur mission d'élaboration de nouvelles méthodes statistiques rationnelles, les statisticiens internationaux concourent à la mise au point, à la diffusion, à l'amélioration et à la gestion d'outils statistiques économiques performants.

Ils sont chargés, également, d'améliorer la collecte et la diffusion de statistiques dans de nombreux domaines, de faciliter la coordination des travaux effectués à l'échelon international et de produire des séries de statistiques portant sur les domaines suivants : comptabilité nationale, prix, commerce international, population, indicateurs sociaux, environnement, industrie, énergie, transports et logement.

4. Les grades du fonctionnaire international

Deux situations sont à distinguer pour l'établissement des grades : les organisations internationales et l'Union Européenne.

Les grades des organisations internationales

Le système en vigueur dans la plupart des organisations internationales est le suivant :

- grades GS1 à GS6 pour les services généraux, en particulier pour le personnel de service et de bureau ;
- grades P1 à P6 pour les services organiques ;
- grades D1 et D2 pour les administrateurs généraux et les directeurs ;
- les « hors classe » pour les secrétaires et directeurs généraux adjoints, pour les sous-secrétaires et sous-directeurs généraux.

Les grades de l'Union européenne

Pour l'Union européenne, il existe cinq catégories de fonctionnaires internationaux.

La catégorie A

Cette catégorie de concours s'adresse aux titulaires d'une maîtrise universitaire (ou équivalent : Sciences PO, l'Ena ...) et vise en particulier les postes administratifs.

Plusieurs carrières sont à distinguer au sein de cette catégorie. Du grade le plus bas au plus élevé, les fonctions suivantes sont accessibles : le grade A8 est réservé à l'administrateur adjoint, les grades A7/A6 à l'administrateur et, enfin, les grades A5/A4 à l'administrateur principal. Les grades A3, A2 et A1 s'appliquent respectivement aux fonctions de chef de division, de directeur et de directeur général.

Les candidats chanceux à un concours peuvent intégrer l'Union européenne sans aucune expérience professionnelle au grade A8, ou avec un minimum de deux ans d'expérience professionnelle aux grades A7 et A6.

Sachez néanmoins que pour certains concours A7 et A6 une formation spécifique en droit, en économie, en comptabilité ou en statistiques est parfois exigée.

La catégorie LA

Cette catégorie concerne les traducteurs et les interprètes.

Les candidats à ces concours doivent justifier de qualifications linguistiques spécifiques très poussées. L'Union européenne exige de plus en plus des linguistes multilingues : aujourd'hui, en plus de maîtriser parfaitement leur langue maternelle, les traducteurs et interprètes doivent connaître au moins deux autres langues de l'Union. Laquelle ne cesse de s'agrandir, offrant un choix de langues étrangères de plus en plus large.

Le grade LA8 est réservé aux interprètes adjoints et aux traducteurs adjoints, les grades LA7/LA6 aux traducteurs et aux interprètes, les grades LA5/LA4 aux chefs d'équipe de traduction ou d'interprétation, aux réviseurs, aux traducteurs principaux et aux interprètes principaux. Enfin, le grade LA3 désigne le chef de division de traduction ou d'interprétation.

Il n'existe pas de grades LA2 et LA1.

La catégorie B

Cette catégorie est réservée aux fonctions d'application et d'encadrement. Cela signifie que les fonctionnaires de cette catégorie participeront à la mise en œuvre des politiques dans différents secteurs, tels que l'environnement, les relations extérieures, l'administration des douanes, la fiscalité... Ils pourront, en outre, jouer un rôle important dans l'administration interne des organes de l'Union européenne, notamment dans la gestion du personnel.

La catégorie B5/B4 désigne les assistants adjoints, les assistants techniques adjoints et les assistants de secrétariat adjoints. Le grade B3/B2 est réservé aux assistants, aux assistants techniques et aux assistants de secrétariat. Enfin, le grade B1 vise l'assistant principal qui chapeaute les précédents.

Pour se présenter à un concours de catégorie B, les candidats français doivent être titulaires du baccalauréat. Ils doivent également pouvoir justifier de deux ans minimum d'expérience professionnelle dans un domaine en rapport avec les fonctions pour lesquelles ils postulent.

Les domaines dans lesquels les concours ont lieu sont très variés et l'Union européenne organise régulièrement des concours qui s'adressent à des candidats ayant une formation généraliste ; concours qui leur permettront de prendre part à tous les domaines d'activité de l'Union Européenne.

La catégorie C

Cette catégorie concerne les fonctions d'exécution et de secrétariat.

Un niveau équivalent à l'enseignement secondaire inférieur (le brevet des collèges pour les candidats français) et une expérience professionnelle de deux ans seront demandés pour se présenter aux concours.

Les grades C5/C4 sont réservés aux commis adjoints et aux dactylographes, les grades C3/C2 aux commis et aux secrétaires dactylographes et, enfin, le grade C1 désigne les fonctions de secrétaire de direction, de secrétaire principal et de commis principal.

Pour une gestion plus efficace du personnel de l'Union européenne et compte tenu de la spécificité des travaux de secrétariat, sachez que les concours de recrutement des secrétaires et des dactylographes sont souvent organisés sur la base de concours séparés pour chacune des langues officielles des pays membres de l'Union Européenne.

La catégorie D

Cette catégorie vise les fonctions manuelles ou de service. Plus précisément, cette classification regroupe les chauffeurs et le personnel des différents ateliers, restaurants et cafétérias.

Le grade D4 désigne les agents et les ouvriers non qualifiés, les grades D3/D2 les agents et les ouvriers qualifiés et, enfin, le grade D1, les chef de groupe.

Pour se présenter à un concours, les candidats doivent justifier d'une scolarité minimale légale, laquelle est fixée à 16 ans en France.

À noter

Equivalences des grades dans la fonction publique nationale et internationale

Nations unies	Organisations coordonnées	Union européenne	Fonction publique française	Années d'expérience
P1/P2	A1/A2	A8/A7	Attaché d'administration	0 à 2 ans d'expérience
P3	A2/A3	A6	Attaché principal	2 à 5 ans d'expérience
P4	A3	A5	Chef de bureau Administrateur civil	0 à 2 ans d'expérience
P5	A4/A5	A4/A3	Chef de service Sous-directeur	8 à 14 ans d'expérience
D1	A6	A2	Directeur	20 ans d'expérience
D2	A7	A1	Directeur général	20 ans d'expérience

(Sources : *Fonctions internationales, emplois et formations*).

Partie III

Les formations

Du juriste à l'interprète et de l'ingénieur à l'économiste, toutes les professions sont représentées dans les organisations internationales. Comment, dès lors, choisir une formation adaptée à vos aspirations professionnelles ? Vous accompagner dans votre recherche et éventuellement dans votre décision est précisément l'objectif de ce guide.

Sachez qu'intégrer les organisations internationales ne requiert aucune formation spécifique. Un niveau d'études élevé sera en revanche demandé et vous sera utile tout au long de vos prospections. Quel que soit le mode de recrutement adopté, concours ou dossier, sachez que la concurrence sera rude et les places chères. Un niveau d'études poussé au maximum vous permettra de vous démarquer des autres candidats et de vous faire une place au soleil des organisations internationales.

Plusieurs formations préparent à la fonction publique internationale. Certaines offrent un enseignement fondé essentiellement sur le fonctionnement des organisations internationales et sur les aspects économiques ou géopolitiques des rapports internationaux. D'autres, en revanche, sont spécialisées dans la préparation des concours d'entrée.

Vous pouvez toujours cumuler les deux, en décidant de suivre un troisième cycle spécialisé, puis une préparation aux concours.

Parole de Pro

Une formation européenne, un atout certain

Jean-Guy Giraud, 55 ans, est conseiller du Parlement européen, au secrétariat général, à Luxembourg.

Après une formation à Paris en droit public et à Sciences-Po, il a étudié aux Etats-Unis un mastère en droit et économie internationaux, à l'université Johns Hopkins de Washington DC. Il entre par concours aux Communautés européennes en 1972 où il débute en 1973.

Successivement, il travaille au cabinet du Secrétaire général, puis devient secrétaire général du Médiateur européen, greffier à la Cour de justice européenne, conseiller au cabinet du président du Parlement européen avant de terminer à Luxembourg.

Jean-Guy Giraud recommande des études de droit, *« bien que les concours soient aussi ouverts à des économistes ou des ingénieurs, mais de toute façon,* met-il en évidence, *il faut faire une double formation : l'une française, l'autre dans un pays européen, à la fois pour bien connaître la langue et la culture. »*

« Posséder trois langues est un atout évident, estime Jean-Guy Giraud, *l'anglais est le plus souvent la deuxième langue parce que l'on travaille à la fois en français et en anglais, mais trois langues facilitent l'obtention des concours. »*

« Enfin, compte-tenu de la difficulté d'obtenir un poste pour les Français et de l'élargissement prochain de l'Union à l'Europe orientale, un dossier très bien présenté peut aider lors de la sélection. »

Catégorie A, échelon 3.

1. Les formations publiques

Les formations publiques spécialisées dans les aspects internationaux ne sont guère nombreuses et ne commencent qu'à partir du troisième cycle. Il existe toutefois une exception avec les instituts d'études politiques qui offrent une section relations internationales et que vous pouvez intégrer en sortant du lycée ou d'un diplôme de deuxième cycle.

La section internationale de Sciences-Po

Les instituts d'études politiques, ou Sciences-Po, sont des établissements publics d'enseignement supérieur à caractère administratif, ayant pour objectif de former les futurs cadres supérieurs de l'Etat et des entreprises. Il existe neuf IEP en France : Aix-en-Provence, Bordeaux, Grenoble, Lille, Lyon, Paris, Rennes, Strasbourg et Toulouse. Ces neuf IEP proposent un enseignement pluridisciplinaire reposant sur des cours de droit, d'économie, de gestion, d'histoire, de science politique et de langues vivantes. En revanche, tous les IEP ne proposent pas les mêmes sections. Attention, par conséquent, avant de vous inscrire au concours.

Cinq IEP proposent une section relations internationales et européennes : il s'agit des IEP d'Aix-en-Provence, de Lille, de Lyon, de Paris et de Strasbourg. Trois spécialisations, en action internationale pour l'entreprise, Europe communautaire, relations internationales, sont généralement offertes aux étudiants. Chaque spécialisation vise un public particulier. Les cours d'action internationale pour l'entreprise s'adresseront à des étudiants souhaitant travailler dans une entreprise de dimension internationale. Les cours sur l'Europe communautaire intéresseront tout particulièrement les étudiants soucieux d'acquérir une formation pratique sur les questions internationales. Enfin, l'option relations internationales, spécialement conçue pour les étudiants qui cherchent une ouverture internationale, vise ceux qui souhaitent comprendre l'organisation du système international contemporain.

Deux possibilités s'offrent à vous pour intégrer Sciences-Po : en première année, directement après le bac ou en deuxième année, après une licence, quelle que soit sa spécialité.

Si vous décidez de tenter le concours après le bac, sachez que ce ne sera pas une partie de plaisir. Les places en première année sont réduites, et les candidats très nombreux. A titre d'exemple, on peut citer les résultats du concours de l'IEP Paris en 1996 qui a vu s'affronter 2 652 candidats pour seulement 299 admis. Le concours étant en septembre, sachez qu'il vous faudra travailler d'arrache-pied pendant les « grandes vacances », et éventuellement faire une prépa.

L'admission en deuxième année n'est pas plus facile. Pourtant, les places sont plus nombreuses. Toujours en 1996, à l'IEP Paris, sur les 1 663 candidats au concours, 449 étaient retenus.

Vous trouverez toutes les coordonnées des IEP à la fin de ce guide.

Les DEA

Ouverts aux titulaires d'une maîtrise ou de son équivalent, le diplôme d'études approfondies (DEA) dispense un enseignement spécifique fondé sur un objectif : la poursuite des études vers une thèse. Sachez cependant que si vous intégrez une telle formation, rien ne vous oblige à soutenir une thèse. Vous pouvez suivre votre DEA et décider de vous arrêter au bout d'un an, votre diplôme en poche.

L'entrée dans un DEA est difficile. Les demandes de candidatures étant plus nombreuses que les places disponibles, les responsables des diplômes ne retiennent que les meilleurs. A vous de préparer votre carrière, en commençant par vous façonner un dossier « béton » ; aucune formation ne pourra plus vous refuser avec un tel profil !

La sélection se fait en général en plusieurs étapes : étude du dossier, puis éventuellement prise de contact avec le candidat par l'intermédiaire d'un entretien, au cours duquel il sera interrogé sur ses motivations à intégrer une telle formation. Certains DEA pourront également vous demander de passer des épreuves écrites ou de présenter un projet de recherche rédigé (quelques pages). L'aspect sélectif de ces bac + 5 ne doit pas vous décourager : des milliers d'étudiants intègrent chaque année un troisième cycle de recherche.

Un petit conseil : ne vous limitez pas à quelques DEA, multipliez les candidatures afin d'augmenter vos chances de réussite.

Les DEA préparant aux carrières internationales sont variés. Aucun n'est réellement spécialisé dans la fonction publique internationale. En revanche, chacun, à sa manière, est spécialisé dans une branche internationale.

Les DEA juridiques

L'enseignement étant essentiellement juridique, ces DEA sont ouverts en priorité aux étudiants en droit, titulaires d'une maîtrise de droit privé ou de droit public. Quelques DEA, pourtant, accepteront des étudiants sortant de Sciences-Po ou de filières plus généralistes, comme AES ou histoire.

Les DEA, option droit communautaire

Plusieurs universités en France proposent des DEA spécialisés dans le droit communautaire : Aix-Marseille III, Bordeaux IV, Lyon III, Nancy II, Montpellier I, Paris I et II, Rennes I, Toulouse I.

L'enseignement dispensé est centré sur la question européenne. Vous y suivrez des cours de droit européen de la concurrence, des cours de droit relatif à la libre circulation dans l'Union européenne, des cours de protection des droits fondamentaux et des principes de constitution de l'Union, de droit fiscal européen, de droit constitutionnel européen, de droit social européen et, enfin des cours de droit du contentieux européen. Des conférences pourront également avoir lieu autour de thèmes spécifiques.

L'université de Nancy II propose également un DEA droits européens comparés, spécialisé dans le droit allemand, anglais, espagnol et italien. Des modules optionnels relatifs au droit social européen, au droit communautaire matériel et au droit pénal international sont aussi dispensés.

Un DEA droit des communautés européennes est offert par l'université de Strasbourg III. Vous pourrez y acquérir une formation spécialisée dans le droit économique communautaire, dans le droit constitutionnel et administratif européen et dans le droit de la concurrence.

L'université de Picardie Jules-Verne propose un DEA droit européen, spécialisé aussi bien dans le droit privé que dans le droit public. De son côté, Paris I offre un DEA droit public comparé des Etats européens.

Les DEA, option droit international

La différence entre DEA droit communautaire et DEA droit international doit être relativisée : la plupart des DEA spécialisés en droit international intègrent en effet la dimension droit communautaire dans leurs enseignements.

Les universités de Paris XI-Sceaux et de Montpellier I organisent des DEA droit public international et européen. En revanche, l'université du Havre, en collaboration avec la faculté de Rouen, dispense un enseignement plus généraliste avec son DEA droit international et européen.

Vous trouverez aussi un DEA droit des affaires et droit économique français et européen à la faculté de Paris I.

Deux universités proposent une formation en droit des relations économiques internationales et communautaires : Lille et Paris X-Nanterre. Le programme est composé d'enseignements portant sur le droit des relations économiques internationales, le droit international privé, le droit européen, l'anglais juridique.

A noter : certaines universités offrent un enseignement international avec une approche historique. Ainsi, les universités de Nancy II et de Strasbourg III proposent un DEA histoire de la science juridique européenne axé sur l'histoire du droit pénal, l'histoire de l'administration française depuis le XVIIIe siècle, l'histoire de la philosophie du droit et sur l'histoire du droit privé européen. De son côté, Paris XII-Créteil organise un DEA histoire du droit européen.

Enfin, si vous êtes un pénaliste dans l'âme, sachez que l'université de Paris I-Panthéon Sorbonne propose un DEA droit pénal et politique criminelle en Europe.

Les DEA économiques

Les DEA spécifiques à l'économie internationale sont discrets : vous trouverez de telles formations dans deux universités seulement en France.

L'université de Paris VIII, en collaboration avec la faculté de Paris VII, propose un DEA régimes monétaires, travail et systèmes d'emploi dans l'économie européenne et mondiale.

L'université de Lille, quant à elle, dispense un DEA espace européen, économique et social, axé principalement sur l'économie internationale et l'économie et les politiques régionales.

A côté de ces deux formations universitaires, l'institut d'études politiques (IEP) de Strasbourg propose un DEA institutions politiques et monétaires et intégration économique en Europe.

L'enseignement est axé autour des thèmes suivants : intégration économique et monétaire, équilibre économique et institutions politiques et monétaires, finances publiques et politiques publiques en Europe, politique macro-économique et régimes de change, structures financières et fondements de la politique bancaire.

Les DEA de sciences politiques et de géopolitique

Plusieurs DEA relatifs aux sciences politiques et à la géopolitique internationale sont proposés en France. Contrairement aux DEA juridiques, dans lesquels on peut retrouver une même spécialité au sein de plusieurs universités et de plusieurs diplômes, les facultés se spécialisent beaucoup plus dans le domaine politique et géopolitique.

À la loupe

Le DEA relations internationales, option politique et diplomatie ou option politique et stratégie de Paris I-Panthéon Sorbonne

L'objectif de ce DEA, qui comporte 200 heures de cours, est de dispenser une formation approfondie aux futurs spécialistes de la scène internationale dans ses aspects diplomatiques et stratégiques.
Les places sont chères. Chaque année, le DEA n'accepte qu'une trentaine de candidats, étudiants et salariés.

▶ **Contact :** Université de Paris I-Panthéon Sorbonne. UFR 11 Science politique. Bureau 602. 14, rue Cujas. 75005 Paris
Tél. : 01 40 46 28 01

D'autres DEA spécialisés dans les sciences politiques et la géopolitique vous sont proposés : un DEA études européennes à l'université de Grenoble II, un DEA défense nationale et sécurité européenne à l'université de Lille, un DEA mutation économique dans les pays de l'Est à l'université de Paris I Panthéon-Sorbonne, un DEA politiques nationales et politiques européennes des Etats de l'Union européenne à la faculté de Paris III, un DEA institutions et dynamiques socio-politiques dans l'Europe de l'Ouest à l'université de Paris VIII-Saint Denis, un DEA études comparées de la transition démocratique dans l'Europe postcommuniste à l'institut d'études politiques (IEP) de Paris, un DEA mutation internationale et adaptation régionale en Europe et dans le tiers-monde à la faculté de Picardie, un DEA politique comparée en Europe à l'université de Nice, un DEA action publique et territoires en Europe dispensé à l'IEP de Rennes et, enfin un DEA sciences politiques et construction de l'Europe, options institutions, territoires et politiques publiques à l'IEP de Strasbourg.

Les DESS

Aussi sélectifs que les DEA, les diplômes d'études supérieures spécialisées (DESS) spécifiques à la vie internationale sont néanmoins moins nombreux.

En principe, l'objectif d'un DESS est de dispenser un enseignement plus professionnel, adapté au monde du travail, qui doit vous permettre d'être directement opérationnel dès la fin de la formation.

Les DESS juridiques

Comme pour les DEA, les DESS juridiques sont essentiellement réservés aux titulaires d'une maîtrise de droit.

Les DESS, option droit communautaire

Neuf universités proposent des DESS spécialisés dans le droit européen.

L'université de Lyon III organise un DESS droit communautaire et les universités de Paris X-Nanterre, de Paris XII-Créteil et de Tours, trois DESS juriste européen.

Si vous êtes intéressé par le droit des affaires, et tout particulièrement par le droit des affaires au niveau européen, sachez que les universités de Paris II-Panthéon Assas et de Paris V-Malakoff dispensent des DESS droit européen des affaires. L'enseignement sera centré sur le contentieux communautaire, les affaires fiscales européennes, le commerce intra-communautaire et le droit social européen.

Les universités de Paris I-Panthéon Sorbonne (en collaboration avec le Centre universitaire des communautés européennes) et de Paris XI-Sceaux proposent, respectivement, un DESS droit du marché commun et un DESS droit de l'Union européenne.

L'université de Montpellier dispense, quant à elle, un enseignement très spécifique par l'intermédiaire de son DESS droit français et droit européen de la commercialisation des produits touristiques.

Les DESS, option droit international

Les DESS spécialisés en droit international restent rares : on peut les compter sur les doigts de la main.

L'université de Paris V-René Descartes offre un enseignement généraliste avec son DESS contentieux national, européen et international. Les autres DESS sont en revanche plus spécifiques. Ainsi, Paris XI-Sceaux organise un DESS diplomatie et droit des organisations internationales et l'université de Valenciennes, un DESS droit des affaires européennes et internationales.

À la loupe

Le DESS administration internationale de Paris I-Panthéon Sorbonne

Fondée sur des cours théoriques et des conférences, cette formation a pour but principal de préparer aux carrières dans les organisations internationales.

Le programme dispensé par ce DESS sera centré essentiellement sur le droit institutionnel et financier des organisations internationales, les institutions économiques internationales, le droit et la pratique de la fonction publique internationale, l'administration internationale et le droit international général, et le droit communautaire général.

Un stage dans une organisation sera exigé.

▶ **Contact :** Université de Paris I-Panthéon Sorbonne. 12, place du Panthéon. 75231 Paris Cedex 05
Tél. : 01 46 34 97 33

Les DESS économiques

Seule l'université de Paris XIII-Villetaneuse propose un DESS économie européenne avec un enseignement fondé sur l'analyse macroéconomique de l'intégration européenne, l'harmonisation des fiscalités en Europe, l'intégration monétaire et la géopolitique de l'Europe.

Certains DESS seront plus spécialisés dans les techniques de gestion européenne. Ainsi, l'université de Metz offre un DESS gestion des organisations françaises en Allemagne. Outre un enseignement franco-allemand, cette formation a l'avantage de dispenser un cours de management stratégique international.

L'institut d'administration des entreprises (IAE) de Valenciennes organise un DESS gestion des affaires européennes et internationales et l'université de Paris I-Panthéon Sorbonne, un DESS gestion européenne et internationale. Ces formations proposent un programme axé sur la fiscalité internationale, la gestion internationale des ressources humaines, le management et le marketing international, le droit européen des affaires.

L'université de Nancy II offre un DESS gestion financière et espace européen, options économie monétaire et gestion d'entreprise ; l'université de Strasbourg, un DESS gestion internationale des entreprises de l'espace européen et, enfin, l'université de Poitiers propose un DESS techniques comptables, fiscales et financières européennes, qui a pour but de former les futurs gestionnaires et les futurs comptables des organisations internationales.

D'autres DESS sont spécialisés dans les techniques commerciales et dans le management international. Ainsi, l'institut régional de gestion et d'administration des entreprises (IRGAE) de Bordeaux propose un DESS commerce franco-ibérique et management international.

Vous trouverez un DESS commerce international, centre de management franco-britannique à l'université de Lille et un DESS commerce extérieur du centre franco-italien de management international à la faculté de Lyon III. Les enseignements dispensés seront surtout axés sur le commerce international : des cours de droit, d'économie, d'intégration européenne, de gestion du personnel, et enfin des cours de langue seront au programme.

Les universités de Montpellier et de Toulouse I proposent des DESS spécialisés dans les finances européennes : vous trouverez le DESS management financier européen à Montpellier et le DESS banque et finances européennes à Toulouse.

Enfin, vous trouverez un DESS développement et coopération à Paris I Panthéon-Sorbonne, dont l'objectif est de former des spécialistes aux questions de coopération et de développement dans les pays du Sud et de l'Est. Ce DESS est très sélectif avec seulement 32 places chaque année.

Les DESS de sciences politiques et de géopolitique

Les DESS spécialisés en problèmes géopolitiques internationaux sont rares. Seules sept universités proposent de tels enseignements.

L'université de Marne-La-Vallée organise un DESS géopolitique européenne, axé principalement sur l'identité européenne et les relations internationales. Les universités de Paris IV et de Strasbourg proposent un DESS relations publiques européennes et un DESS politiques publiques en Europe dispensant un enseignement européen complet : systèmes publics et administratifs comparés, règles du jeu communautaire, analyse des choix publics et du processus d'intégration, pratique des moyens d'action publique.

Le DESS de l'institut du droit de la paix et du développement (IDPD) de l'université de Nice se penche particulièrement sur les problèmes de sécurité en Europe dans son DESS défense et sécurité, option problèmes européens.

Certains DESS, en revanche, abordent plus spécialement les marchés anglais et germanique. Ainsi, l'université de Cergy-Pontoise propose un DESS langues et commerce international appliqués aux marchés anglo-saxon et germanique et l'université de Strasbourg, un DESS études germaniques, offrant notamment des cours optionnels sur l'Autriche contemporaine.

Enfin, l'université de Lyon II dispense une formation axée sur les problèmes de décentralisation et de développement local en Europe dans son DESS entreprises et collectivités locales dans l'Europe communautaire. L'objectif de cette formation est de comprendre la mise en œuvre des politiques de coopération et d'échanges, des programmes d'implantation locale et de développement extérieur.

L'enseignement est divisé en trois modules : la décentralisation et les relations internationales, l'entreprise dans ses stratégies de commerce et d'implantation européenne, et enfin, le développement régional.

Les autres diplômes universitaires

Plusieurs diplômes, moins connus que les DEA ou les DESS, sont proposés par certaines universités. Ces DU, DSU, DESE et autres DESU sont accessibles aux étudiants titulaires d'une maîtrise, soucieux de poursuivre leurs études pendant une année supplémentaire.

Peu de diplômes d'université (DU) abordent les problèmes internationaux.

Ainsi, l'université de Montpellier propose un DU droit social comparé, européen et international et l'université de Metz un DU certificat préparatoire à la pratique du commerce franco-allemand. Enfin, vous trouverez un DU connaissance de l'Europe centrale contemporaine à la faculté de Strasbourg.

Seule l'université de Paris II-Panthéon Assas propose des diplômes supérieurs d'université (DSU) tourné vers l'Europe. Si vous êtes titulaire d'une maîtrise de droit, ces DSU sont pour vous : vous y trouverez, en effet, un DSU droit communautaire et un DSU droit européen des affaires.

Davantage axés sur des problèmes économiques et de géopolitique, les diplômes d'études supérieures européennes (DESE) ne sont guère plus nombreux. L'université de Nancy II offre trois DESE : un DESE sciences économiques et gestion, un DESE sciences juridique et politique et enfin, un DESE étude des civilisations européennes.

Seule la faculté d'Aix-Marseille III offre un diplôme d'études supérieures d'université (DESU) droit, économie et réalisation de projets spécialisés dans les pays de l'ex-URSS et des pays de l'Est. Il y a là une réelle opportunité : avec l'adhésion prochaine de certains pays de l'Est à l'Union européenne, une telle formation ne pourra que vous être bénéfique.

D'autres diplômes préparent également aux carrières internationales. Il s'agit du diplôme de formation aux cultures européennes de l'université de Nancy II et du diplôme européen des hautes études internationales de l'université de Nice.

2. Les formations privées

L'Ecole des hautes études internationales

Pionnière en la matière, l'Ecole des hautes études internationales fut créée en 1899. Aujourd'hui, cette école propose des formations en relations internationales qui s'échelonnent du premier au troisième cycle.

L'admission dans cette école peut s'effectuer de plusieurs manières, selon le niveau d'études des candidats. Un bachelier intégrera un premier cycle, un étudiant titulaire d'un Deug rentrera directement en deuxième année. Les titulaires d'une licence seront admis en troisième année et les étudiants sortant de Sciences-Po ou de maîtrise pourront intégrer un troisième cycle. Sachez cependant que toutes les candidatures sont soumises à une commission d'admission qui décide au vu des dossiers.

Dispensés sur deux ans, les premiers cycles abordent principalement les questions diplomatiques, les problèmes de politique internationale, d'économie internationale et du droit international.

Les deuxièmes cycles se placent dans la continuité des premiers cycles, tout en permettant aux étudiants de se spécialiser. Plusieurs spécialisations sont proposées : études diplomatiques et stratégiques, études économiques et financières internationales, et études européennes.

Enfin, l'Ecole des hautes études internationales propose deux troisièmes cycles spécialisés dans les relations internationales.

Le premier est spécifique aux études stratégiques et à la politique de défense, avec des cours axés sur les thèmes suivants : méthodologie, analyse stratégique, analyse des politiques de défense, sécurité internationale, désarmement, défense, géopolitique des conflits, stratégie aérienne.

Le second est spécifique aux affaires internationales. Le programme des cours se compose d'enseignements portant sur les sujets suivants : méthodologie, marketing et gestion internationale, droit international des affaires, finances internationales, systèmes de régulation des marchés, coopération et développement.

▶ **Contact :** Ecole des hautes études internationales. 107, rue de Tolbiac. 75013 Paris

Tél. : 01 45 70 73 37

L'Institut européen des hautes études internationales

L'Institut européen des hautes études internationales, en collaboration avec l'Europa-Institut de Berlin propose un programme d'études européennes et internationales, dispensé en trois langues, français, anglais et allemand. La connaissance parfaite d'une des langues est exigée et sera contrôlée au moment de la candidature.

Même dans sa sélection, l'institut est ouvert sur l'international puisque toutes les nationalités sont acceptées. Seule condition : être titulaire d'un deuxième cycle universitaire, quelle que soit son origine. La sélection des dossiers est effectuée par un comité composé des responsables pédagogiques du programme, sous la présidence du directeur.

L'enseignement se déroule autour de quatre séminaires (relations internationales, intégration européenne, démocratie et société, fédéralisme) animés par des professeurs permanents secondés par des experts des administrations européennes et internationales, des chercheurs et des professeurs d'universités françaises, anglaises et allemandes.

Des colloques internationaux et des voyages d'études à Bruxelles, Strasbourg, Genève et Paris sont également prévus.

▶ **Contact :** Institut des hautes études internationales. Université Paris II-Panthéon-Assas. Bureau 222. 12, place du Panthéon. 75321 Paris Cedex 05

Tél. : 01 44 41 55 50

L'Institut d'études des relations internationales

Fondé en 1948, cet établissement privé d'enseignement supérieur dispense en quatre années une formation axée sur les rapports juridiques, politiques, diplomatiques et économiques dans le monde.

L'admission à l'ILERI peut se faire à plusieurs niveaux : en première année, en deuxième année ou en troisième année.

Si vous venez d'avoir votre bac, vous intégrerez l'ILERI en première année. La sélection se fera au vu de votre dossier scolaire, d'un entretien avec un membre du comité de direction et des professeurs, et d'une épreuve de langue.

A noter : les bacheliers ayant obtenu la mention Bien au bac sont admis directement. Un test de langue, afin d'évaluer leur niveau, leur sera cependant imposé.

Si vous êtes titulaire d'un bac + 1, vous serez admis en deuxième année, et si vous êtes titulaire d'un BTS, d'un DUT ou d'un Deug de droit, d'économie, d'AES, de gestion ou d'histoire contemporaine, vous pourrez intégrer l'Ileri en troisième année après un entretien avec un membre du comité de direction et des professeurs.

La première année a pour vocation d'initier les jeunes diplômés à des matières nouvelles telles que le droit, l'économie, l'histoire diplomatique ou les institutions politiques. Le programme se compose des enseignements suivants : évolution des idées et des faits politiques et sociaux, histoire des grandes civilisations, histoire diplomatique, institutions politiques comparées, relations internationales contemporaines, introduction générale au droit, introduction aux sciences économiques, introduction au commerce international, histoire économique et sociale, géographie économique, techniques quantitatives, méthodologie, travaux dirigés de droit, civilisation anglaise (cours dispensé en anglais).

La deuxième et la troisième année permettent aux étudiants de se spécialiser et d'acquérir un enseignement complet en droit international et de maîtriser les enjeux des relations internationales contemporaines.

Ces deux années sont validées par un diplôme d'études générales (DEG). Les cours de deuxième année portent sur les thèmes suivants : relations internationales, droit international public, institutions internationales, conjoncture sociale internationale, droit administratif et administration économique, relations économiques internationales, monnaie et macroéconomie, droit des contrats civils et commerciaux, droit des sociétés et groupements, structures et opérations de l'entreprise, rapports sociaux du travail, histoire et civilisation des Etats-Unis, conférence de méthode, travaux dirigés de droit et d'économie. Deux langues sont à choisir parmi l'anglais, l'allemand, l'arabe, le chinois, l'espagnol, le japonais et le russe.

Le programme de la troisième année approfondit l'ensemble des enseignements dispensés en deuxième année : les progrès de la science et les relations internationales, pouvoir et puissance dans les relations internationales contemporaines, vie politique européenne, droit diplomatique et consulaire, droits de l'homme, droit international de l'économie, droit international public approfondi, droit international privé, relations financières et monétaires internationales, nouveaux aspects de la mondialisation, les Etats-Unis face à un nouvel ordre économique mondial, assurance des risques internationaux.

Un stage en France et à l'étranger est également prévu.

La quatrième année apparaît comme une année de spécialisation, sanctionnée par un diplôme supérieur de recherche (DSR). Sa spécificité résulte dans la rédaction d'un mémoire qui oblige l'étudiant à mener une réflexion personnelle sur un sujet précis.

Au programme : pratique des relations diplomatiques, politique internationale de la France, droit des relations extérieures de l'Union européenne, négociation internationale, pouvoir et puissance dans les relations internationales contemporaines, technologies émergentes et marchés associés, droit international du développement, droit européen des affaires, stratégies des firmes multinationales, communication internationale et économie internationale de l'audiovisuel, communication appliquée à l'entreprise, assurance des risques internationaux.

▶ Contact : Institut d'études des relations internationales. 12, rue des Saints-Pères. 75007 Paris

Tél. : 01 42 96 51 48

Le Centre européen universitaire

Crée en 1950, le Centre européen universitaire dépend de l'université de Nancy II. Son objectif est d'apporter une formation spécialisée aux problèmes européens.

Chaque année, le Centre européen universitaire accepte 80 étudiants. 40 sont français, les 40 autres proviennent aussi bien des pays de l'Union européenne que du reste du monde.

Cette formation est ouverte aux titulaires d'une maîtrise de droit ou d'économie, qui seront ensuite sélectionnés au vu de leurs dossiers.

Trois départements d'études sont proposés.

Le département de sciences juridiques et politiques

Deux diplômes sont délivrés dans le cadre de ce département : un diplôme d'études supérieures européennes (DESE) et un DEA. Le DESE est centré sur les questions juridiques et politiques de l'intégration communautaire et les relations extérieures de l'Union européenne. Quant au DEA, il est spécialisé dans le droit communautaire et dispense un enseignement complet en droit public européen, en droit commercial européen et en droit social européen.

Des séminaires de recherche en droit public et contentieux communautaire et en droit privé communautaire sont également prévus.

Le département de sciences économiques et gestion

Ce département délivre également un DESE et un DESS.

Le DESE est tourné sur les aspects économiques de l'Europe et l'enseignement est centré principalement sur des questions d'intégration et de régulation communautaire, de gestion financière et de stratégie d'entreprise.

Le DESS gestion financière et espace européen est axé sur les outils d'analyse financière européenne et intègre une initiation aux stratégies professionnelles.

Le département d'étude des civilisations

Seul un DESE, centré sur l'identité culturelle européenne, est délivré dans le cadre de ce département. Ce DESE est dispensé en collaboration avec le DESS information et communication de la faculté de lettres de Nancy.

La psychologie des peuples, les identités culturelles constitutives de l'Europe, l'évolution des formes et des contenus des relations interculturelles en Europe constituent le cœur des enseignements dispensés.

Deux autres diplômes interdisciplinaires sont également organisés par le Centre européen universitaire.

Il propose tout d'abord un diplôme de politique européenne de santé en collaboration avec la faculté de médecine de Nancy. L'enseignement, dispensé à distance, est principalement tourné sur les politiques de santé publique en Europe.

Il offre aussi un diplôme FORCES (formation aux cultures européennes) qui va permettre aux étudiants de mieux comprendre le milieu dans lequel ils seront un jour amenés à travailler.

Tourné vers l'Europe, le Centre européen universitaire a développé, depuis quelques années, des diplômes dispensés en langue française dans plusieurs pays étrangers. Vous trouverez ainsi :

• un DEA de droit communautaire et un DESS gestion financière et espace européen au Centre francophone d'études supérieures d'Athènes ;

• un mastère de droit européen à l'Institut européen d'administration publique de Luxembourg ;

• un DESE juridique avec la faculté de droit de Belgrade ;

• un module d'enseignement d'affaires européennes à l'université de management Comenius de Bratislava ;

• un module d'enseignement de droit français et européen à la faculté de droit de Saint-Petersbourg.

▶ **Contact :** Centre européen universitaire. Université de Nancy II. 15, place Carnot. 54042 Nancy Cedex

Le Centre d'études européennes

Le Centre d'études européennes a développé une filière géopolitique axée sur l'intégration européenne et sur l'identité culturelle de l'Europe. Les possibilités de choix sont plus larges que dans la majorité des autres écoles, puisque ce centre propose deux maîtrises et deux DESS. Il est, en revanche, tout aussi sélectif, puisque la sélection se déroule en plusieurs étapes : dossier, épreuve écrite et entretien individuel.

Les maîtrises de science politique

Ces maîtrises, ouvertes aux étudiants sortant de licence de sciences humaines, d'économie, de droit ou d'école de commerce, sont centrées sur l'intégration de la « grande Europe » et sur les relations de l'Europe avec le monde extérieur. Leur vocation généraliste n'exclut pas pour autant toute spécialisation puisque vous pourrez choisir entre les enjeux politiques de l'intégration, spécialité études européennes et les enjeux culturels de l'intégration, spécialité études Centre-Est européennes.

L'enseignement au sein de ces deux maîtrises est à peu près identique : outre des TD de méthodologie de science politique et des TD de préparation de mémoire qui sont communs aux deux, des modules spécifiques sont également dispensés : géopolitique européenne, intégration européenne, culture politique (spécialité études européennes) et anthropologie (spécialité études Centre-Est européennes).

Les DESS de géopolitique

Le DESS de géopolitique européenne, spécialité géopolitique de la « grande Europe » vise à faire comprendre les logiques actuelles de l'intégration européenne, dans ses aspects géostratégiques, culturels et identitaires.

L'enseignement se déroule autour de quatre modules : préparation à l'emploi, géopolitique générale, identité européenne et intégration européenne.

Le DESS de géopolitique européenne, spécialité des pays émergents est centré sur la mondialisation des économies. Quatre modules sont également au programme : préparation à l'emploi, géopolitique générale, mentalités et marchés et flux et intégrations régionales.

A noter : les étudiants de maîtrise et de DESS pourront également assister à une conférence concernant les nouvelles menaces sur la sécurité et suivre un cours optionnel de préparation aux concours administratifs nationaux et européens de type A8. Ce cours préparera à l'épreuve redoutée de la note de synthèse et aux questionnaires à choix multiples (QCM).

▶ **Contact :** Centre d'études européennes. Université de Marne-La-Vallée. Scolarité, service accueil information. Bâtiment Valmédia (Copernic). Cité Descartes. 5, boulevard Descartes. Champs-Sur-Marne. 77454 Marne-La-Vallée Cedex 2

Le Collège de Bruges

Institut d'études post-universitaires européennes unique et innovateur, le Collège d'Europe admet chaque année près de 300 diplômés, représentant une trentaine de nationalités.

Créée en 1949, cette école prestigieuse contribue à faire l'Europe d'aujourd'hui et de demain, en formant notamment les futurs cadres des institutions européennes et internationales.

Installé à Bruges, le Collège d'Europe est un établissement indépendant, qui combine un programme d'études européennes générales et interdisciplinaires, avec une vie étudiante multiculturelle.

Les étudiants ont en moyenne 25 ans et parlent au moins trois ou quatre langues.

En réponse à l'ouverture sur l'Europe orientale, l'établissement a créé en 1994 un second campus en Pologne, à Natolin près de Varsovie, qui fait de cette institution académique, dont le conseil d'administration est présidé par Jacques Delors, une école leader dans la formation d'Européens responsables pour l'Europe de demain.

A Bruges, les cours, dispensés en français et en anglais, s'organisent autour de quatre départements spécialisés en droit, en économie, en études politiques et administratives et en développement des ressources humaines.

Les étudiants s'inscrivent pour un an à l'un ou l'autre en fonction de leurs études antérieures.

A Natolin, le programme est également dispensé autour d'études européennes interdisciplinaires, mais l'accent est mis sur les problèmes liés à la pré-adhésion à l'Union européenne des pays de l'ancien bloc de l'Est.

De mi-septembre à fin juin, les cours magistraux alternent avec des séminaires de recherches, des exercices de simulation et des conférences de spécialistes.

L'enseignement se déroule en deux étapes : au début, les étudiants suivent un cours d'introduction qui les prépare à « penser l'Europe » dans tout sa complexité ; ensuite, ils choisissent un séminaire qui leur permet d'analyser sous forme d'études de cas de problèmes internationaux spécifiques. Ce séminaire favorise une coopération étroite entre les élèves et les professeurs, experts du monde économique et administratif.

Le corps enseignant est en effet composé de spécialistes de très haut niveau, de professeurs de terrain qui apportent des approches méthodologiques et des réflexions très diversifiées. A l'issue de leur année de formation, les étudiants soutiennent un mémoire et obtiennent le diplôme de hautes études européennes, reconnu par l'ensemble des partenaires internationaux.

Les étudiants disposent de conditions de travail idéales avec, par exemple, les bibliothèques du Collège d'Europe (à Bruges et à Natolin), qui sont réputées pour la richesse de leur documentation sur l'Europe.

Engagé dans différents projets de recherche et de formation sous contrat avec les institutions de l'Union européenne ou avec d'autres administrations, le Collège de Bruges favorise l'intégration de ses anciens élèves au sein d'organismes internationaux.

Les lauréats deviennent pour un grand nombre d'entre eux fonctionnaires internationaux et surtout européens. D'autres intègrent des postes dans leurs gouvernements, des entreprises privées, ou bien se dirigent vers l'enseignement.

Représentant également un vaste réseau de contacts sociaux et professionnels utiles pour l'entrée dans la vie active des jeunes diplômés, l'association des anciens étudiants du Collège d'Europe est constituée de quelques 5 000 anciens étudiants.

Date limite de dépôt des dossiers : 31 janvier.

Age maximum : 30 ans (en principe).

Coût des études : de 400 000 à 500 000 francs belges (soit 64 000 à 80 000 francs français).

La plupart des étudiants sont détenteurs de bourses accordées par leur gouvernement ou par une autre institution publique ou privée.

▶ **Contact :** Collège d'Europe. Dijver 11. 8000 Brugge. Belgique
Tél. : 00 32 50 44 99 11
Internet: www.coleurop.be

A noter : Si vous disposez d'un gros budget, vous pouvez toujours vous inscrire à l'université américaine de Paris. Accessible aux titulaires du bac, elle dispense un enseignement centré sur les relations internationales en quatre ans. Seul « hic », le coût de l'inscription : 95 000 francs !

▶ Contact : Université américaine de Paris. 31, avenue Bosquet. 75007 Paris

Tél. : 01 40 62 06 00

3. Les préparations aux concours européens

Si vous décidez de tenter votre chance en présentant un concours, pensez à bien préparer les épreuves. Sans une bonne préparation, vous réduisez considérablement vos chances de réussite : les candidats sont très nombreux et les places rares. Mettez donc toutes les chances de votre côté en vous inscrivant dès maintenant dans une bonne préparation.

Trois préparations ont été recensées : le centre universitaire d'études des communautés européennes, le programme Tertia-Tech 3000 de la chambre de commerce et d'industrie de Valenciennes et enfin la préparation aux concours administratifs nationaux et européens de Sciences-Po Paris.

Le CUECE

Dépendant directement de l'université de Paris I-Panthéon Sorbonne, le centre universitaire d'études des communautés européennes apporte une formation complémentaire en droit européen aux étudiants souhaitant présenter les concours de l'Union européenne. Les cours ont lieu uniquement deux mois avant le début des épreuves.

Chaque année, le CUECE accepte 50 candidats, salariés ou étudiants, sortant de licence de droit minimum ou de Sciences-Po.

▶ **Contact :** Centre universitaire d'études des communautés européennes. Bureau 308. 12, place du Panthéon. 75005 Paris
Tél. : 01 46 34 97 52 (ou 97 00)

Le programme Tertia-Tech 3000

Unique en France, ce programme « secrétaire de l'Union européenne » s'adresse principalement aux titulaires d'un bac + 2, secrétariat et langues, âgés de moins de 35 ans et de nationalité européenne.

La sélection des candidats est draconienne : une première sélection est effectuée au vu des dossiers de candidature. Puis les candidats retenus sont soumis à des épreuves de culture générale, d'anglais, de français et de logique. Enfin, des entretiens individuels ont lieu, au cours desquels les motivations des candidats seront analysées.

La formation se déroule sur 18 mois et comprend 16 semaines de stage en entreprise et dans une institution européenne. Ces stages seront validés par la soutenance d'un rapport.

Au programme : techniques de secrétariat, informatique, bureautique, institutions européennes, droit communautaire, culture générale, anglais, gestion de projet, communications professionnelles.

A l'issue de ces 18 mois, des partiels dans les modules principaux et un examen final dans chaque matière sont organisés et sont sanctionnés par un diplôme de secrétaire de l'Union européenne délivré par la chambre de Commerce et de l'Industrie de Valenciennes.

▶ **Contact :** Tertia-Tech 3000. Centre de formation de la CCI de Valenciennes. 10, avenue Henri-Matisse. 59300 Aulnoy-Les-Valenciennes

Tél. : 03 27 28 42 57

Sciences-Po Paris

Sciences-Po Paris propose une préparation aux concours de la Commission européenne depuis 1992, conjointement à sa préparation aux concours administratifs nationaux. L'admission sera pourtant extrêmement difficile, voire impossible pour certains : à partir de la rentrée 1999-2000, seuls les diplômés de Sciences-Po Paris pourront se porter candidats.

▶ **Contact :** coordonnées en fin de volume.

Partie IV

Intégrer la fonction publique internationale

Cette partie vous permettra, à travers divers exemples et explications, de connaître précisément les moyens pour intégrer un organisme international, soit en tant que stagiaire, soit en tant que fonctionnaire.

1. Comment décrocher un stage ?

Toutes les organisations internationales proposent des stages, selon leurs besoins du moment et leurs budgets. Mais attention, même pour un stage de courte durée un niveau d'études élevé (maîtrise ou son équivalent, dans la grande majorité des cas), ainsi que la connaissance parfaite de l'anglais sont exigés. Si vous n'en êtes qu'au début de vos études, sachez que vos chances de décrocher un stage au sein d'une entité internationale sont faibles, et qu'il vous faudra patienter encore quelques années...

Autre constat : ces stages sont rarement rémunérés. Des indemnités et des bourses de stage peuvent toutefois être accordées dans certains cas.

Sachez enfin que si vous décrochez un stage, cela ne vous donnera aucun droit prioritaire d'embauche. Si une procédure de recrutement est mise en route, vous serez à égalité avec les autres candidats, qu'il s'agisse d'un recrutement sur concours ou sur dossier.

Les avantages du stage

Le stage offre de multiples avantages au jeune diplômé.

Son intérêt majeur est de permettre de comprendre concrètement les divers rouages du métier. Fort de vos 4 ou 5 années d'études (voire plus pour certains d'entre vous), vous vous sentez mûr pour travailler. Pourtant en débarquant dans un service, si vous n'avez jamais complété vos études par des stages pratiques, vous allez rapidement déchanter : vous avez encore tout à apprendre, à commercer par la modestie ! D'où l'intérêt d'une expérience pratique : après un stage de quelques semaines au sein d'un organisme international, les facettes de l'activité vous seront plus familières et vous appréhenderez de façon plus sereine une candidature à un concours européen ou à un poste international.

Outre l'avantage de fournir un aperçu général de l'activité exercée, le stage présente l'intérêt de vous faire appliquer les connaissances théoriques engrangées pendant vos études et de découvrir tous les visages d'une organisation internationale.

Les conditions requises

Trois conditions doivent, généralement, être réunies pour poser sa candidature :

• votre pays d'origine doit être membre de l'organisation internationale à laquelle vous adressez votre dossier ;

• vous devez être titulaire d'un diplôme universitaire. Le niveau d'études requis varie selon les structures internationales. Il est en général très élevé et commence à partir de la licence, voire la maîtrise pour la plupart d'entre elles. Sachez que vos résultats scolaires seront minutieusement épluchés et qu'ils constitueront un critère de sélection déterminant ;

• vous devez maîtriser parfaitement l'anglais et, éventuellement une autre langue étrangère en vigueur dans l'organisation.

Bon à savoir : certaines organisations fixent une limite d'âge. L'Union européenne, par exemple, n'accepte aucun stagiaire de plus de 30 ans.

Vous réunissez ces conditions ? N'hésitez plus, pensez dès maintenant à envoyer votre dossier de candidature. Les délais de sélection sont souvent très longs puisqu'ils sont généralement compris entre 3 et 6 mois avant le début du stage.

À la loupe

Effectuer un stage à l'Unesco

Il est possible d'effectuer un stage à l'Unesco, d'une durée d'un à trois mois. Pour postuler, vous devez répondre à une de ces trois conditions :
• avoir au moins une maîtrise pour un étudiant ;
• être fonctionnaire national ;
• être chercheur.
La procédure et les règles de fonctionnement sont les suivantes :
• retirer le dossier à l'unité des stages de l'Unesco ;
• remplir le formulaire d'inscription, accompagné d'une lettre manuscrite, d'une photographie récente et d'une copie du titre ou du diplôme universitaire le plus élevé ;
• envoyer l'ensemble à la délégation du pays d'où l'on ressort selon son passeport. Pour les demandeurs multinationaux, il faut choisir sa nationalité et envoyer le dossier à une seule délégation ;

• faire la demande au moins trois mois avant la date souhaitée du stage et pas avant un an. Sachez qu'il y a au moins trois semaines de délai entre la réponse de la délégation et celle de l'unité des stages ;
• le stage ne dure jamais moins d'un mois et jamais plus de trois ; les stages sont limités à trois mois pour préserver l'image de l'Unesco, et réserver une chance au plus grand nombre de stagiaires ;
• les stages ne sont pas rémunérés et il n'y a aucun avantage pris en compte (dépenses liées au transport...) ;
• il y a 50 % de chance d'être accepté ;
• les dossiers ne remplissant pas les conditions sont refusés catégoriquement ;
• les secteurs les plus demandés évoluent : sont à éviter les secteurs de la culture et les postes de juristes ou d'économistes ;
• il faut éviter de faire une demande de stage pendant la période estivale, où le stage risque de ne pas être profitable, et où il y a une forte demande.
Enfin, il est bon de noter que si un stage ne débouche pas sur un emploi ; on peut toutefois parfois décrocher un contrat d'honoraire (rémunéré entre 1 000 et 5 000 francs).
▶ **Contact :** Unité des Stages - Unesco. 7, place de Fontenoy. 75352 Paris 07 SP
Tél. : 01 45 68 23 22 (le mardi et jeudi de 14h30 à 17h30)

La rémunération

Si la grande majorité des organisations internationales organisent des stages, tous ne se déroulent pas de la même façon. La plupart des organismes refusent de défrayer leurs stagiaires ; seule l'Union européenne prévoit une rémunération, que l'on peut qualifier de correcte. Le système onusien, en revanche, ne prévoit ni indemnité de salaire, ni prise en charge des frais de voyage. Si vous décrochez un stage à l'ONU, tous les frais d'assurance (maladie, accident, décès, invalidité...) vous incomberont. Quelques unes de ses organisations spécialisées pensent quand même à assurer leurs stagiaires : l'Unesco, par exemple, offre une police commerciale spéciale qui couvre les risques de décès et d'invalidité, ainsi que la prise en charge de certains frais médicaux en cas d'accident ou de maladie.

Le Conseil de l'Europe organise 600 stages par an. Nombre considérable, lorsqu'on sait que cette organisation ne compte que 1 300 fonctionnaires ! Ces stages ne sont, cependant, pas rémunérés pour les Français.

À la loupe

Effectuer un stage à l'Union européenne

La **Commission** accueille environ 1 200 stagiaires chaque année, pour une durée de 3 à 5 mois, répartis sur deux sessions, débutant le 1er mars (dossier à renvoyer avant le 30 septembre de l'année précédente) et le 1er octobre (dossier à renvoyer avant le 31 mars de la même année). Certains stages sont rémunérés (environ 4 600 francs par mois).
80 stages de 4 mois sont proposés chaque année par le **Conseil des ministres**, dont 20 seulement sont rémunérés (environ 4 100 francs par mois).
Le **secrétariat général du Parlement** organise des stages d'une durée de 2 à 3 mois renouvelables une fois, répartis en quatre sessions : janvier, avril, septembre et décembre. Chaque année, le Parlement accueille environ 90 stagiaires qui sont payés 8 000 francs par mois.
Le **Parlement** est un des rares organes à accueillir des étudiants en cours d'études au sein de stages de formation. Ces stages ne sont pas rémunérés et sont peu fréquents.
Les **groupes politiques du Parlement** accueillent également des jeunes stagiaires pour des durées de 1 à 5 mois et les rémunèrent parfois jusqu'à 6 500 francs par mois.
Le **Comité économique et social** propose une vingtaine de stages par an pour des durées variables, généralement de 3 ou 5 mois. Ces stages sont défrayés environ 4 600 francs par mois. Deux sessions sont prévues. Une session débute mi-février ; dans ce cas, les dossiers de candidature doivent être retournés avant le 31 octobre de l'année précédente. Une seconde session commence mi-septembre ; dans ce cas, les dossiers doivent être renvoyés avant le 31 mai de l'année en cours.
Le **Comité des régions** offre une dizaine de stages chaque année, d'une durée de 5 mois. Les stagiaires sont payés environ 4 600 francs par mois.
La **Cour de justice** organise deux sessions de stages : mars à juillet et octobre à février. Seulement une petite dizaine de postes sont disponibles pour une durée de 5 mois. La rémunération n'est pas communiquée.
Des stages sont également proposés par la **Cour des comptes européenne**. Les postes offerts varient entre 25 et 30, les durées des stages entre 1 et 3 mois et les rémunérations sont fonction des moyens budgétaires.
Le **service interprétation-conférence** organise des stages de 6 mois dans le but de former de jeunes interprètes de conférence. Si un diplôme universitaire, quelle que soit sa spécialité, est requis, ce service ne demande aucune connaissance particulière dans le domaine de l'interprétariat. Seule condition pour postuler : maîtriser au moins trois des neufs langues suivantes : français, allemand, anglais, danois, espagnol, grec, italien, néerlandais ou portugais.
(Sources : *Réussir à l'étranger*)

2. Comment décrocher un emploi ?

Il existe deux modalités de recrutement en vigueur au sein des organisations internationales : le recrutement par concours et le recrutement sur dossier.

Le recrutement par concours

Que vous décidiez de tenter votre chance dans la fonction publique nationale ou dans la fonction publique internationale, un concours ne s'improvise pas. Bien au contraire. Un concours est un travail de longue haleine, qui demande des mois, voire des années, de préparation.

Si dans la fonction publique française, les places sont chères, en raison du nombre toujours croissant de candidats, sachez que le problème est encore plus important dans les concours internationaux. Vous serez confronté à deux problèmes majeurs : des candidats encore plus nombreux et des quotas de nationalités à respecter.

Il est donc important, pour réussir, de se donner tous les moyens, notamment en suivant des cours de préparation. A titre d'exemple, sur les 64 Français admis au concours organisé par la Commission européenne, en 1994, 39 avaient suivi une scolarité dans le cadre de la préparation aux concours nationaux et européens de Sciences-Po Paris.

Même si Sciences-Po représente le « top » des préparations aux concours, il existe d'autres formations dont vous trouverez toutes les références et les programmes dans la troisième partie de ce guide.

Les conditions

Vous devrez respecter plusieurs conditions pour vous présenter à un concours organisé par une organisation internationale :

• être ressortissant de l'un des Etats membres de l'organisation internationale dont vous présentez le concours ;

• posséder le niveau d'études requis pour le concours présenté ;

• une expérience professionnelle de deux ans minimum est souvent exigée. Une exception est toutefois accordée, dans le cadre de l'Union européenne, aux candidats sans expérience professionnelle qui ont obtenu leur diplôme depuis moins de trois ans et qui postulent pour des postes de grades A8 et LA8 ;

• outre leur langue maternelle, les candidats doivent justifier d'une bonne connaissance dans une autre langue officielle de l'organisation. Pour les concours linguistiques, la maîtrise de deux autres langues étrangères est demandée ;

• un âge limite est fixé : 32 ou 35 ans suivant les catégories de concours.

Des dérogations sont toutefois accordées :

• pour les mères de famille, des reports de deux ans par enfant sont possibles ;

• un report de la durée du service national est accordé dans le cadre du service national ;

• un report de 5 ans est autorisé dans le cas d'un handicap physique compatible avec l'accomplissement des fonctions.

Les procédures

Plusieurs organisations internationales recrutent leur personnel par l'intermédiaire de concours. Parmi les plus connues, on peut citer l'Union européenne, le Conseil de l'Europe ou encore l'Union de l'Europe occidentale.

Au sein d'une même structure internationale, chaque institution organise ses propres concours pour combler ses vacances de postes. Des concours communs peuvent toutefois avoir lieu si plusieurs organes font face à des besoins identiques en personnel. Dans les deux cas, des avis de concours sont diffusés dans la presse et sur Internet. Pour les coordonnées des différentes organisations internationales, n'hésitez pas à vous reporter à la cinquième partie, vous y trouverez toutes les adresses utiles.

Pour l'Union européenne, les avis de concours sont publiés au *Journal officiel des communautés européennes* (JOCE), série spéciale concours CA, et dans la presse généraliste (*Le Monde*, *Le Figaro* et *Les Echos*). Chaque avis précise les conditions à remplir, le nombre de postes et le déroulement des épreuves.

Pour poser votre candidature, vous devez renvoyer l'acte de candidature encarté dans le *Journal officiel*.

La réussite au concours ne signifie pas une embauche immédiate. Comme en France, les candidats admis sont inscrits sur une liste de réserve ou d'aptitude, valable deux ou trois ans selon les organisations internationales. La gestion de ces listes est souvent anarchique. Dans la plupart des cas, aucune règle de sélection n'est établie et les services de recrutement piochent des candidats au gré de leurs besoins, sans se soucier de savoir si d'autres candidats ont obtenu de meilleurs résultats aux concours ou s'ils ont un profil plus adapté au type de poste.

Un conseil : si vous êtes reçu à un concours, n'attendez pas qu'on vous contacte. Essayez plutôt de rencontrer les chefs de service des organes dont vous avez réussi les concours et vendez-leur vos qualités. Ils se souviendront de vous au moment d'une vacance de postes et demanderont à vous revoir pour un entretien.

À la loupe

Les conditions d'entrée au Conseil de l'Europe

Le poste d'administrateur

La qualification de base est un diplôme universitaire de niveau minimum bac + 4 avec une expérience dans les domaines du Conseil de l'Europe (qui peut varier selon le profil du poste).

Les administrateurs doivent être polyvalents : une culture générale étendue est donc impérative. Pour un poste permanent, la carrière doit débuter entre 26 et 35 ans. L'admission se fait par concours, lequel se déroule en trois étapes : présélection des dossiers, épreuves écrites et entretien de 30 minutes en anglais et en français avec le jury de recrutement. Seuls les candidats qui remplissent les critères exigés à chaque stade de la sélection peuvent continuer la procédure de recrutement qui peut s'étaler sur 6 mois. Enfin, la décision finale appartient au Secrétaire général qui doit prendre en compte les recommandations faites par le jury de recrutement.

Les candidats ne recevant pas de proposition d'engagement immédiat peuvent être placés sur une liste de réserve valable deux ans qui sera étudiée en cas de vacance de postes. Au Conseil de l'Europe, il y a un nombre limité de postes par nationalité du fait des quotas. La formation requise pour un poste temporaire est généralement du droit constitutionnel, mais cela peut varier en fonction du poste. Actuellement, des activités de coopération juridique avec l'Europe orientale se développent, ainsi que des postes tournés vers la formation et la culture.

Les langues officielles sont le français et l'anglais, mais les langues de travail sont aussi l'allemand, l'italien et le russe.
Les possibilités pour les Français d'obtenir un CDI sont assez limitées ; il est plus facile de décrocher un CDD, qui dure rarement plus d'un an.

Les linguistes
Ils exercent la fonction de traducteur-interprète. Le diplôme requis est en général un bac + 4 avec une expérience professionnelle dans la traduction ou l'interprétariat.
Les linguistes permanents entrent par concours qui sont programmés à intervalles réguliers. Il y a rarement des concours pour un seul poste. Les candidats ayant réussi sont mis sur une liste de réserve et appelés en cas de besoin.
Les linguistes en CDD doivent s'adresser au service des ressources humaines pour le chef de la division française-anglaise. Une évaluation est faite et des contrats de traduction peuvent leur être donnés soit à domicile, soit sur place. Les linguistes stagiaires doivent être inscrits à une école de traduction. Certains stages peuvent déboucher sur un contrat à durée déterminée, sans garantie, en fonction des besoins. Ils sont ensuite mis sur une liste.
▶ **Contact :** Monsieur Paul de Vaguet. Service des ressources humaines. Conseil de l'Europe. Palais de l'Europe. 67075 Strasbourg
Tél. : 03 88 41 25 63
Fax : 03 88 41 27 10

Le recrutement sur dossier

Les qualités

Ne devient pas fonctionnaire international qui veut. Les prétendants au titre sont nombreux et triés sur le volet par les organisations internationales. Pourtant, un profil type du candidat parfait peut être dégagé. Quatre qualités essentielles sont aujourd'hui requises pour intégrer la fonction publique internationale sur dossier :

- le fonctionnaire international doit bénéficier d'un niveau d'études très élevé, sanctionné par un diplôme universitaire ;
- il doit en outre pouvoir justifier de plusieurs années d'expérience professionnelle (2 ans pour un poste d'administrateur, 10 à 15 ans pour un poste d'administrateur principal) ;
- il doit montrer un intérêt particulier pour les questions de politique gouvernementale et pour le contexte politique et social dans lequel les organisations internationales s'inscrivent et évoluent ;

• enfin, il doit être capable de s'adapter à toute situation nouvelle et doit pouvoir travailler avec des personnes provenant de cultures et d'horizons professionnels divers. La maîtrise écrite et orale de plusieurs langues étrangères est donc impérative.

Bon à savoir : si vous venez juste de terminer vos études, il existe d'autres moyens que le statut de fonctionnaire international pour intégrer une organisation internationale. Pensez au programme des jeunes experts de la Commission européenne, au programme des jeunes administrateurs de l'OCDE ou encore au programme des volontaires des Nations Unies. Fort de ces quelques années d'expérience, vous pourrez, alors, postuler sans problèmes pour une vacance de poste et intégrer la fonction publique internationale.

Si vous réunissez toutes ces qualités, pourquoi ne pas tenter votre chance auprès d'une organisation internationale ? Toutes les astuces pour trouver les vacances de postes sont étudiées un peu plus loin.

Parole de Pro

Une ténacité méritante

Armelle Arrou, 29 ans, est assistante de projet au secteur de la communication, de l'information et de l'informatique (CII) à l'Unesco. Elle assure la gestion de projets sur la situation des médias indépendants en ex-Yougoslavie, au Rwanda, au Burundi et en Angola. Elle évalue la situation de ces médias et aide à monter des projets pour développer l'accès à une information non partisane.
Avec une formation Sciences-Po et droit à Bordeaux, Armelle suit le DESS de journalisme de l'IFP (Institut français de presse) à Panthéon-Assas. Elle obtient un stage aux Nations unies à Genève pour conclure son DESS et part à Hull, en Grande-Bretagne, en échange Erasmus avec Sciences-Po Bordeaux, faire un mastère de coopération et d'aide au développement.
« *Il ne faut pas faire de formation généraliste pour rentrer à l'Unesco*, signale Armelle, *mieux vaut avoir une formation spécifique qu'une formation de droit international qui est peu reconnue. Moi, j'ai eu de la chance grâce à ma formation de journaliste.* »
A l'Unesco depuis cinq ans et demi, Armelle espère finalement obtenir un poste permanent: « *J'ai commencé comme stagiaire pendant 4 mois dont 2 non rémunérés, ensuite je suis passé surnuméraire. Je suis temporaire depuis juin 1996 avec des contrats renouvelables tous les deux ou trois mois, même si j'ai le statut de fonctionnaire. Je suis en fait payée selon mes projets.* »

Bien qu'il soit difficile de devenir permanente, Armelle ne semble pas en prendre ombrage : « *Depuis le temps que je suis ici, je sais que mon poste n'est pas sûr, mais j'en accepte les règles, sinon, l'insécurité m'aurait fait partir.* »
Pour des Français qui voudraient intégrer l'organisation, Armelle prévient : « *Les Français sont environ une centaine au siège dont 4 ou 5 hors siège, il y a peu d'opportunités pour eux. Enfin, il faut savoir que les retraites ne sont pas cumulables si l'on a travaillé dans le privé avant, cela ne compte pas ; et si l'on n'est plus employé par l'Unesco, on ne peut pas toucher les Assedic françaises, et la retraite de l'organisation ne s'ajoute pas à la retraite française.* »
Toutefois, pour les persévérants, des opportunités existent malgré tout : « *On peut compter sur les départs en retraites*, explique Armelle, *mais avec les coupures budgétaires, sur deux qui partent, un seul les remplace. Il faut faire un stage suite à une spécialisation d'études et surtout avoir une expérience sur le terrain, se rendre indispensable, se renseigner sur les projets en cours. il existe aussi une petite ouverture pour les développeurs de sites Internet* », conclut Armelle.

Salaire: 20 000 francs. Catégorie P2 (Permanent deuxième échelon).

Les procédures

Pour faire face à des vacances de postes, les organisations internationales peuvent passer des petites annonces, qui seront reprises dans la presse spécialisée ou sur Internet. La majorité des organismes internationaux fonctionnent de cette façon, ce qui ne signifie pas que le recrutement est plus facile. Dans tous les cas, votre dossier de candidature sera en effet étudié minutieusement par plusieurs personnes, avant d'être mis de côté... ou jeté à la poubelle.

Deux systèmes sont retenus par les entités internationales :

- les organisations internationales passent des annonces au gré de leurs besoins et n'acceptent de lettres de candidature que dans ce cadre là. C'est le système adopté par l'ONU et ses entités spécialisées ;
- certaines organisations, même si elles fonctionnent par l'intermédiaire d'offres d'emploi, acceptent aussi des dossiers de candidature en dehors des campagnes de recrutement. C'est le cas de l'OCDE qui étudie toutes candidatures à tout moment de l'année. Si vous avez une compétence spécifique en théorie économique et en analyse des politiques économiques, vous pouvez ainsi écrire à tout moment au service de la gestion des ressources humaines de l'OCDE. N'oubliez pas d'accompagner votre lettre de

votre curriculum vitæ, afin de donner un aperçu de votre formation et de vos expériences professionnelles. Les candidats retenus seront portés sur une liste de réserve et, en cas de vacance de poste, les candidats jugés les plus qualifiés seront convoqués pour un entretien, qui aura lieu à Paris.

Bon à savoir

Quelques conseils aux candidats à l'ONU

Si vous décidez de poser votre candidature à l'ONU, vous devrez respecter plusieurs conditions de forme et de fond.

Avant de vous décider à présenter votre candidature à un poste, pensez à lire soigneusement la partie droite de l'avis de vacance de poste, partie où sont indiqués les qualifications, le type et la durée de l'expérience exigée des candidats. Sachez que ces qualifications sont considérées comme le minimum requis. Si vous ne remplissez pas ces conditions, il est inutile d'envoyer votre dossier. Vous pouvez, en revanche, expliquer dans une lettre de motivation, en quoi votre expérience vous qualifie pour le poste en question.

Pensez à indiquer le numéro de l'avis de vacance de poste et le titre du poste pour lequel vous posez votre candidature. Si vous postulez pour plusieurs postes, vous devez soumettre une demande distincte pour chacun d'eux.

Assurez-vous que vous avez bien rempli toutes les sections de l'imprimé administratif envoyé par les services des ressources humaines et que vous l'avez daté et signé. Faute d'imprimé administratif, vous pouvez envoyer votre curriculum vitæ, lequel devra contenir impérativement tous les renseignements personnels suivants : nom de famille, prénoms, date de naissance, nationalité à la naissance, nationalité actuelle, état civil, liste des personnes à charge, lieu et pays actuel de résidence, adresse postale, numéro de téléphone.

D'autres mentions sont également requises. Pour retracer votre parcours universitaire, un minimum de précision en la matière s'impose. Vous devez indiquer le niveau de vos diplômes, en indiquant la ou les matières de spécialisation, les années d'obtention et l'adresse des établissements où vous avez suivi votre formation.

L'ONU pourra également demander à l'université qui vous a délivré votre diplôme de lui fournir un résumé écrit de vos travaux académiques.

Vous devez obligatoirement énumérer toutes les langues étrangères que vous connaissez, en commençant par votre langue maternelle et en indiquant votre niveau de connaissance dans chacune des autres langues. Vous devez suivre obligatoirement un schéma qui permettra aux recruteurs de se faire une opinion rapide sur votre niveau linguistique : niveau C pour une connaissance courante et niveau B pour une connaissance moyenne.

Un niveau C implique que vous êtes prêt à travailler, à rédiger diverses communications écrites (correspondance, rapports, documents de travail...) et à participer activement à des réunions et à des débats dans cette langue.
Un niveau B signifie que vous pouvez suivre des débats ou des réunions de travail dans cette langue, participer à des conversations simples, utiliser le téléphone, lire et comprendre des textes et rédiger des communications simples dans cette langue.
Là encore, inutile de mentir, vous serez le premier pris au piège car les entretiens ont souvent lieu en plusieurs langues étrangères.
Enfin, n'oubliez pas de définir votre parcours professionnel. En commençant par votre dernier emploi, vous devez fournir une description détaillée du travail accompli. Outre les périodes pendant lesquelles vous avez travaillé, pensez à indiquer le nom et l'adresse de tous vos employeurs.
Pour terminer, vous devez impérativement savoir que toutes les lettres de candidature doivent être dactylographiées.

3. Vos sources d'information

Internet

Si vous disposez d'un ordinateur et si vous êtes relié à Internet, vos prospections n'en seront que plus faciles. Grâce à cette nouvelle technologie on peut, en effet, avoir accès à une multitude d'informations tout en restant tranquillement dans son fauteuil. Si vous n'avez pas d'ordinateur, vous pouvez toujours vous rendre dans des cyber cafés ou au sein de vos écoles et universités qui mettent à votre disposition des postes connectés à Internet.

L'avantage du Net est considérable : outre une présentation des différentes organisations internationales et de leurs activités dans le monde, vous aurez directement accès aux dernières vacances de postes et à la description détaillée du profil du candidat demandé. Les derniers avis de concours des organisations internationales sont également publiés sur Internet.

Pensez donc à aller régulièrement consulter les sites internet des organisations internationales : vous y trouverez le plus souvent l'information la plus à jour en matière d'emplois.

À noter

Les sites des principales organisations internationales dont la France est membre

Organisation des Nations unies
Organisation des Nations unies : www.un.org
Cour internationale de justice : www.icj.org
Conférence des Nations unies pour le commerce et le développement : www.unctad.org
Haut Commissariat pour les réfugiés : www.unhcr.org
Programme alimentaire mondial : www.wfp.org
Fonds des Nations unies pour l'enfance : www.unicef.org

Institutions spécialisées dépendant du système des Nations unies
Fonds international de développement agricole : www.ifad.org
Organisation des Nations unies pour l'alimentation et l'agriculture : www.fao.org
Organisation internationale du travail : www.ilo.org
Organisation maritime internationale : www.imo.org
Organisation météorologique mondiale : www.wmo.org
Organisation mondiale de la propriété intellectuelle : www.wipo.org
Organisation mondiale de la santé : www.who.org
Organisation des Nations unies pour le développement industriel : www.unido.org
Union internationale des télécommunications : www.itu.org
Organisation des Nations unies pour l'éducation, la science et la culture : www.unesco.org

Union européenne
Site commun pour la Commission, le Conseil, le Parlement, la Cour des comptes, la Cour de justice : www.europa.eu.int
Banque centrale européenne : www.ecb.int
Banque européenne d'investissement : www.bei.eu.int
Comité des régions : www.cor.eu.int
Comité économique et social : www.ces.eu.int

Organisations cordonnées et organisations s'inspirant de la coopération
Agence spatiale européenne : www.esa.int
Conseil de l'Europe : www.coe.fr
Organisation de coopération et de développement économiques : www.oecd.org
Organisation du Traité de l'Atlantique Nord : www.nato.int
Union de l'Europe ocidentale : www.weu.int

Organisations internationales à caractère financier, scientifique, technique et culturel
Agence internationale de l'énergie atomique : www.iaea.org
Banque européenne pour la reconstruction et le développement : www.ebrd.com
Banque mondiale : www.worldbank.org
Fonds monétaire international : www.imf.org
Organisation pour la sécurité et la coopération en Europe : www.osce.org
Organisation mondiale du commerce : www.wto.org
Office international des epizooties : www.oie.int

La presse spécialisée

Vous cherchez la liste des postes vacants et les avis de concours dans les différentes organisations internationales ? Rien de plus facile. A côté de la presse généraliste et d'Internet, mentionnés plus haut, il existe également des journaux spécialisés dans lesquels vous trouverez toutes les dernières informations en matière d'emploi. Vous pouvez, notamment, consulter le magazine *Objectif fonctionnaire*, édité par Jeunes éditions.

Certains magazines sont spécialisés dans l'international. A titre d'exemple, on peut citer *Cadres Hebdo*, *Le Magazine des Français expatriés*, *Réussir à l'Etranger*, *The Economist*, *Fonctions publiques*, *Fonctions internationales*, *Mouvements*. Certaines agences pour l'emploi (ANPE) disposent de rayonnages très fournis dans lesquels vous trouverez facilement ces journaux. Si tel n'était pas le cas, pensez aux bibliothèques nationales, elles sont en général très bien approvisionnées.

D'autres magazines restent limités à l'Europe, comme le *Journal officiel des communautés européennes* dans lequel tous les derniers avis de concours de l'Union européenne sont recensés. Ce *Journal officiel* est accessible sur abonnement auprès du Service des publications des Communautés européennes.

▶ **Contact :** Service des publications des communautés européennes. 26, rue Desaix. 75727 Paris Cedex 15

Tél. : 01 40 58 75 00

Fax : 01 40 58 77 00

À la loupe

La sous-direction des fonctionnaires internationaux

La sous-direction des fonctionnaires internationaux dépend directement de la direction des Nations unies et des organisations internationales du ministère des Affaires étrangères. Sa vocation est d'aider les Français à intégrer des organisations internationales. Les missions de la sous-direction des fonctionnaires internationaux sont les suivantes : information du public, aide à la recherche de postes vacants (une centaine d'avis de vacance de postes lui parviennent chaque mois), publication des avis de concours, aide à la rédaction de curriculum vitæ et renseignements sur les différentes procédures de recrutement en vigueur dans les organismes internationaux.

▶ **Contact :** Ministère des Affaires étrangères. Sous-direction des fonctionnaires internationaux. Direction des Nations unies et des organisations internationales. 244, boulevard Saint-Germain. 75303 Paris 07 SP Tél : 01 43 17 88 34

Partie V

Carnet d'adresses

1. Les organisations

La liste des adresses données ci-dessous n'est pas exhaustive. L'adresse du service gérant les stages a été fournie quand elle était disponible.
Les organisations sont classées par ordre alphabétique et les organisations européennes comprennent toutes les organisations travaillant pour l'Europe mais non nécessairement pour l'Union européenne.
Les organisations suivies d'un astérisque (*) ne sont pas mentionnées dans le texte, et sont données à titre informatif.

Les organisations internationales

AEN *
Agence pour l'énergie nucléaire
Le Seine Saint-Germain
12, boulevard des Iles
92130 Issy-les-Moulineaux
Tél. : 01 45 24 82 00
Internet : www.nea.fr

Agence de la francophonie. ACCT *
Agence de coopération culturelle et technique
15, quai André-Citroën
75015 Paris
Tél. : 01 44 37 33 00
Internet : www.francophonie.org

AID *
Association internationale de développement
1818 H Street NW
Washington DC 20433
Etats-Unis
Tél. : 00 1 202 477 12 34

AIE *
Agence internationale de l'énergie
9, rue de la Fédération
75739 Paris cedex 15
Tél. : 01 40 57 65 54
Internet : www.iea.fr

AIEA *
Agence internationale de l'énergie atomique
Centre international de Vienne
Division du personnel
PO BOX 100
1400 Vienne
Autriche
Tél. : 00 43 1 20 600
Internet : www.iaea.org

BAD *
Banque africaine de développement
BP 1387
Abidjan 01
Côte d'Ivoire
Tél. : 00 225 20 44 44
Internet : www.afdb.org

BAD *
Banque asiatique de développement
Po Box 789
1099 Manille
Philippines
Tél. : 00 632 44 44
Internet : www.asiandevbank.org

BID *
Banque interaméricaine de développement
1300 New York
Av.N.W.
Washington DC - 20433 - Etats-Unis
Tél. : 00 1 202 623 1000
Internet : www.iadb.org

Bureau à Paris
66, avenue d'Iéna
75116 Paris
Tél. : 01 40 69 31 00

BIE *
Bureau international des expositions
56, avenue Victor-Hugo
75116 Paris
Tél. : 01 45 00 38 63

BIPM *
Bureau international des poids et mesures
Pavillon de Breteuil
92312 Sèvres cedex
Tél. : 01 45 07 70 70
Internet : www.bipm.fr

BIRD
Banque internationale pour la reconstruction et le développement
1818 H Street NW
Washington DC 20433
Etats-Unis
Tél. : 00 1 202 477 1234

BM
Banque mondiale
1818 H Street NW
Washington DC 20433
Etats-Unis
Tél. : 00 1 202 477 1234
Internet : www.worldbank.org
E-mail : pic@worldbank.org

Stages
The Summer Employment Program
The World Bank
Room g 6066
1818 H st NW
Washington DC - 20433 - Etats-Unis

Office européen
66, Avenue d'Iéna
75116 Paris
Tél. : 01 40 69 30 26
E-mail : pparis@worldbank.org

CCIC *
Comité consultatif international du coton
1629 K Street NW - Suite 702
Tél. : 00 1 202 463 66 60
Internet : www.icac.org

CCI *
Centre du commerce international
Palais des Nations
1211 Genève 10
Suisse
Tél. : 41 22 730 01 11
Internet : www.intracen.org/itc

CDB *
Banque de développement des Caraïbes
Po Box 408
Wildey, St Michael
Barbados, West Indies
Tél. : 00 525 280 1486

Bureaux
Ambassade de France
Campos Eliseos
339, Colona polanco
11560 Mexico DF
Mexique
Tél. : 00 525 282 9800

CEA *
Commission économique pour l'Afrique
Africa Hall
PO BOX 300
Addis-Abeba

Ethiopie
Tél. : 00 251 151 72 00
Internet : www.un.org/depts/eca

CESAP *
Commission économique et sociale pour l'Asie et le Pacifique
United Nations building
Rajadamnern Nok Avenue
Bangkok 10200
Thaïlande
Tél. : 00 66 2 282 91 61
Internet : www.unescap.org

CEPALC *
Commission économique pour l'Amérique latine et les Caraïbes
Avenida Dag Hammarskold s/n
Vitacura - Casilia 179 D
Santiago
Chili
Tél. : 00 56 2 210 20 00
Internet : www.cepal.org

CESAO *
Commission économique et sociale pour l'Asie occidentale
Riad el-Solh Square
PO BOX 11-8575
Beyrouth
Liban
Tél. : 00 961 1 981 301
Internet : www.escwa.org.lb

CICTA *
Commission internationale pour la conservation
des thonidés de l'Atlantique
Corazón de Maria 8
28002 Madrid
Espagne
Tél. : 00 34 1 416 56 00
Internet : www.iccat.es

CIEC *
Commission internationale de l'Etat civil
3, place Arnold
67000 Strasbourg
Tél. : 03 88 61 18 62

CIHEAM *
Centre international de hautes études agronomiques méditerranéennes
11, rue Newton
75116 Paris
Tél. : 01 53 23 91 00
Internet : www.iamm.fr/ciheam

CIJ
Cour internationale de justice
Palais de la Paix
Carnegieplein 2
2517J Pays-Bas
Tél. : 00 31 70 302 23 23
Internet : www.icj.org

CNUCED
Conférence des Nations unies pour le commerce et le développement
Palais des Nations
1211 Genève 10
Suisse
Tél. : 00 41 22 917 12 34
Internet : www.unctad.org

CNUEH
Centre des Nations unies pour les établissements humains
PO BOX 30030
Nairobi
Kenya
Tél. : 00 254 2 64 12 34
Internet : www.unchs.org

CODIP *
Conférence de La Haye de droit international privé
Bureau permanent
Scheveningseweg 6
2517 KT La Haye
Pays-Bas
Tél. : 00 31 70 363 3303
Internet : itl.irv.uit.no/trade_law/papers/hague.conference.html

COI *
Conseil oléicole international
Principe de Vergara 154
28002 Madrid
Espagne
Tél. : 00 34 1 563 00 71
Internet : www.imf.org/external/np/sec/decdo/iooc.htm

CPS *
Commission du Pacifique sud
BP D5
98848 Nouméa cedex
Nouvelle-Calédonie
Tél. : 687 26 20 00
Internet : www.spc.org.nc

FIDA
Fonds international de développement agricole
Via del Serafico 107
00142 Rome
Italie
Tél. : 00 39 6 545 91
Internet : www.ifad.org

FNUAP
Fonds des Nations unies pour les activités en matière de population
220 East 42nd Street
New York - NY 10017 - Etats-Unis
Tél. : 00 1 212 297 5351
Internet : www.unfpa.org

FMI
Fonds monétaire international
700 19th street NW
Washington DC 20431
Etats-Unis
Tél. : 00 1 202 623 70 00
Internet : www.imf.org

Bureau à Paris
66, avenue d'Iéna
75116 Paris
Tél. : 01 40 69 30 70

GEIC *
Groupe international d'études du caoutchouc
York House
8 th Floor
Empire Way
Wembley HA9 0PA
Grande-Bretagne
Tél. : 00 44 181 903 77 27
Internet : www.imf.org/external/np/sec/decdo/rubber.htm

GEIPZ *
Groupe d'étude international du plomb et du zinc
2 King Street
Londres SW1Y 6Qp
Grande-Bretagne
Tél. : 00 44 171 839 8550
Internet : www.ilzsg.org

HCR
Haut Commissariat des Nations unies pour les réfugiés
Division de la gestion des ressources humaines
94, rue de Montbrillant
1202- Genève
Suisse
Tél: 00 41 22 739 81 11
Internet : www.unhcr.org

Bureau parisien
HCR - Délégation pour la France
9, rue Kepler
75116 Paris
Tél. : 01 44 43 48 57
Minitel : 3615 HCR

ICCROM *
Centre international d'études pour la conservation
et la restauration des biens culturels
Via di San Michele 13
00153 Rome
Italie
Tél. : 00 39 6 585 531
Internet : www.iccrom.org

IIDD *
Institut international de Droit du développement
Via di San Sebastianello 16
00187 Rome
Italie
Tél. : 00 39 6 697 9261
Internet : www.idli.org

IIF *
Institut international du froid
177, boulevard Malesherbes
75017 Paris
Tél. : 01 42 27 32 35
Internet : www.iifiir.org

INMARSAT *
Organisation internationale de télécommunication par satellite
99 City Road
London EC1Y 1AX
Grande-Bretagne
Tél. : 00 44 171 728 1000
Internet : www.inmarsat.org

INTELSAT *
3400 International Drive NW
Washington DC 20008-3098
Etats-Unis
Tél. : 00 1 202 944 6800
Internet : www.intelsat.int

INTERPOL *
Organisation internationale de police criminelle
200, quai Charles de Gaulle
69006 Lyon
Tél. : 04 72 44 70 00
Internet : www.interpol.com

OAA/FAO
Organisation des Nations unies pour l'alimentation et l'agriculture
Via delle Terme di Caracalla
00100 Rome
Italie
Tél. : 00 39 6 570 51
Internet : www.fao.org

OACI *
Organisation de l'aviation civile internationale
Section du personnel
999, University street
Montréal - QC H3C 5H7
Canada
Tél. : 00 1 514 285 82 19
Internet : www.icao.int

Office européen
3 bis, villa Emile Bergerat
92522 Neuilly-sur-Seine cedex
Tél. : 01 46 41 85 85

OCDE
Organisation de coopération et de développement économiques
Service du recrutement
2, rue André Pascal

75775 Paris cedex 16
Tél. : 01 45 24 82 00
Internet : www.oecd.org

Stages
Madame Patricia Desnoues
Responsable des stages et des programmes spéciaux
Tél. : 01 45 24 78 68

Vacances d'emploi
Madame Iva Berling
Direction des Ressources Humaines
Tél. : 01 45 24 78 75

OEB
Office européen des brevets
Ehrardtstrasse 27
80351 Munich
Tél. : 00 49 89 23 99 50 12
Internet : www.european-patent-office.orgpo

OEPP *
Organisation européenne et méditerranéenne
pour la protection des plantes
1, rue Le Nôtre
75016 Paris
Tél. : 01 45 20 77 94
Internet : www.eppo.org

OFQJ *
Office franco-québécois pour la jeunesse
1441, boulevard René-Lévesque Ouest
Bureau 301
Montréal - QC H3G 1T7
Canada
Tél. : 00 1 514 873 4255
Internet : www.ofqj.gouv.qc.ca

Bureau à Paris
11, passage de l'Aqueduc
93200 Saint-Denis
Tél. : 01 49 33 28 50

OHI *
Organisation hydrographique internationale
4, quai Antoine 1er
BP 445
98011 Monaco cedex
Monaco
Tél. : 377 93 10 81 00
Internet : www.iho.shom.fr

OIAC *
Organisation pour l'interdiction des armes chimiques
Johan de Wittlaan 32
2517 AR la Haye
Pays-Bas
Tél. : 00 31 70 416 3300
Internet : www.opew.org

OIC *
Organisation internationale du cacao
22 Berners Street
Londres W1P 3DB
Grande-Bretagne
Tél. : 00 44 171 637 32 11
Internet : www.icco.org

OIC *
Organisation internationale du café
22 Berners Street
Londres W1P 4DD
Grande-Bretagne
Tél. : 00 44 171 580 8591
Internet : www.ico.org

OICN *
Organisation internationale du caoutchouc naturel
Wisma SPK
4 th Floor
Jalan Sultan Ismail
PO BOX 50712 KU
50250 Kuala Lumpur
Malaisie
Tél. : 00 60 3 248 6466
Internet : www.imf.org/external/np/sec/decdo/inro.htm

OIE
Office international des épizooties
12, rue de Prony
75017 Paris
Tél. : 01 44 15 18 88
Internet : www.oie.int

OIJ *
Organisation internationale du jute
145 Monipuripara
Old Airport Road
1215 Dacca
Bangladesh
Tél. : 00 880 2 912 5581
Internet : www.imf.org/external.np/sec/decdo/jute.htm

OIM
Office international des migrations
17, route des Morillons
CP 71
1211 Genève 19
Suisse
Tél: 00 41 22 717 91 11
Internet : www.iom.int

OIML *
Organisation internationale de métrologie légale
11, rue Turgot
75009 Paris
Tél. : 01 42 85 27 11
Internet : www.oiml.org

OIS *
Organisation internationale du sucre
1, Canada Square
Canary Wharf
Londres E14 5AA
Tél. : 00 44 171 513 1144
Internet : www.sugarinfo.co.uk/iso

OIT
Organisation internationale du travail
Département du personnel
4, route des Morillons
1211 Genève
Suisse
Tél. : 00 41 22 799 66 66
Internet : www.ilo.org

Bureau de correspondance en France
1, rue Miollis
75732 Paris cedex 15
Tél. : 01 45 68 32 50

OITV *
Office international de la vigne et du vin
18, rue Aguesseau
75008 Paris
Tél. : 01 44 94 80 80

OMC
Organisation mondiale du commerce
Centre William Rappard
154, route de Lausanne
1211 Genève 21

Suisse
Tél. : 00 41 22 739 51 11
Internet : www.wto.org

OMD *
Organisation modiale des douanes
Rue de l'industrie 26-38
1040 Bruxelles
Belgique
Tél. : 00 32 2 508 42 11

OMI
Organisation maritime internationale
4, Albert Embankment
Londres SE1 7SR
Grande-Bretagne
Tél. : 00 44 171 735 76 11
Internet : www.imo.org

OMM
Organisation météorologique mondiale
41, avenue Giuseppe Motta
CP 2300
1211 Genève 21
Suisse
Tél. : 00 41 22 730 83 14
Internet : www.wmo.ch

OMPI
Organisation mondiale de la propriété intellectuelle
34, chemin des Colombettes
1211 Genève 20
Suisse
Tél. : 00 41 338 91 11
Internet : www.wipo.org

OMS
Organisation mondiale de la santé
20, rue Appia
1202 Genève

Tél. : 00 41 22 791 21 11
Internet : www.who.ch

OMT *
Organisation mondiale du tourisme
Capitán Haya 42
28020 Madrid
Espagne
Tél. : 00 34 1 567 81 00
Internet : www.world-tourism.org

ONU
Examinations and test section
Division for staff development and performance
Policy and specialist services
Office of human resources management
Room S-2590
3 United Nations Plaza
New York - NY 10017
Etats-Unis
Tél. : 00 1 212 963 12 34
Internet : www.un.org/

Service du recrutement
Palais des Nations
14, avenue de la Paix
1211 Genève
Suisse
Internet : www.unog.ch

Internship Programme
Personnel Service
Room D 436
Office des Nations unies
Centre International
PO BOX 500
1400 Vienne
Autriche

Tél. : 00 43 1 21 13 10
Internet : www.un.or.at
Centre des Nations unies pour la France
1, rue Miollis
75732 Paris cedex 15
Tél. : 01 43 06 91 25/ 01 45 68 48 77 (documentation)

ONUDI
Organisation des Nations unies pour le développement industriel
Centre international de Vienne
BP 300
1400 Vienne
Autriche
Tél. : 00 43 1 211 31
Internet : www.unido.org

Bureau pour la promotion des investissements
dans les pays en développement
9, rue Notre-Dame des Victoires
75002 Paris
Tél. : 00 44 55 05 05
Internet : www.unido.org

OTAN
Organisation du traité de l'Atlantique Nord
Boulevard Léopold III - Evere
1110 Bruxelles
Belgique
Tél. : 00 32 2 707 41 11
Internet : www.nato.int

OTICE *
Organisation du traité d'interdiction complète des essais nucléaires
PO BOX 1200
1400 Vienne
Autriche
Tél. : 00 43 1 213 45 62 00
Internet : www. ctbto.org

OTIF *
Organisation intergouvernementale des transports internationaux ferroviaires
Gryphenhübeliweg 30
3006 Berne
Suisse
Tél. : 00 41 31 351 17 62

PAM
Programme alimentaire mondial
Human resources and administrative service division
HRR ext.2420
426 via Cristofo Colombo
00145 Rome
Italie
Tél. : 00 39 6513.1
Internet : www.wfp.org

PNUCID
Programme des Nations unies pour le contrôle international de la drogue
Room D 0424
Vienna International Center
PO BOX 500
1400 Vienne
Autriche
Tél. : 0 43 1 21345 0
Internet : www.undcp.org

PNUD
Programme des Nations unies pour le développement
1, United Nations Plaza
New York - NY 10017
Etats-Unis
Tél. : 00 1 212 906 5000
Internet : www.undp.org

PNUE
Programme des Nations unies pour l'environnement
PO BOX 30552

Nairobi
Kenya
Tél. : 00 254 2 62 12 24
Internet : www.unep.org

Stages
Internship Coordinator
Human resource management service
(même adresse)

Bureau parisien
Tour Mirabeau
39-43, quai André Citroën
75015 Paris
Tél. : 01 44 37 14 50

REMPEC *
Centre régional méditerranéen pour l'intervention d'urgence contre la pollution marine accidendelle
Manoel Island
Malte
Tél. : 00 356 337 296

SFI *
Société financière internationale
2121 Pennsylvania Avenue NW
Washington DC 20433
Etats-Unis
Tél. : 00 1 202 477 1234
Internet : www.ife.org

TPIY *
Tribunal pénal international pour l'ex-Yougoslavie
Churchillplein 1
PO BOX 13888
2517 JW La Haye
Pays-Bas
Internet : www.un.org./icty

UIT
Union internationale des télécommunications
Place des Nations
121 Genève 20
Suisse
Tél. : 00 41 22 730 51 11
Internet : www.itu.int

UL *
Union latine
Calle colón 8
La Atarazana
Saint-Domingue
République dominicaine
Tél. : 00 1 809 688 09 01
Internet : www.unilat.org

Bureau à Paris
131, rue du Bac
75007 Paris
Tél. : 01 45 49 60 60

UNAIDS
Programme Commun des Nations unies pour le sida
20, rue Appia
1211 Genève
Suisse

UNESCO
Organisation des Nations unies pour l'éducation,
la science et la culture
7, place de Fontenoy
75007 Paris
Tél. : 01 45 68 10 00
Internet : www.unesco.org

Unité des stages
7, place de Fontenoy
75352 Paris 07 SP
Tél. : 01 45 68 23 22 (le mardi et jeudi de 14h30 à 17h30)

UNICEF
Fonds des Nations unies pour l'enfance
3, United Nations Plaza
New-York - NY 10017
Etats-Unis
Tél. : 0 1 212 326 7000
Internet : www.unicef.org

Fonds des Nations unies pour l'enfance
16, avenue Jean Tramblay
1209 Genève
Suisse
Tél. : 00 41 22 798 84 00

Centre International pour le développement de l'enfant
Piazza 55 Anziata 12
50122 Florence
Italie

Comité français pour l'UNICEF
3, rue Duguay-Trouin
75282 Paris cedex 06
Tél. : 01 44 39 77 77 / 77 26 (documentation)
E-mail : uniceffr@imaginet.fr

UNICRI *
Institut interrégional de recherche sur la criminalité et la justice
52, via Giulia
00186 Rome
Italie
Tél. : 00 39 6 687 74 37
Internet : www.unicri.it

UNIDIR *
Institut des Nations unies pour la recherche sur le désarmement
Palais des Nations
1211 Genève 10 - Suisse
Tél. : 00 41 22 917 31 86
Internet : www.unog.ch/unidir

UNIDROIT *
Institut international pour l'unification du droit privé
Via Panisperma 28
00184 Rome
Italie
Tél. : 00 39 6 699 413 72
Internet : www.unidroit.org

UNITAR *
Institut des Nations unies pour la formation et la recherche
Palais des Nations
1211 Genève 10
Suisse
Tél. : 00 41 22 798 58 50
Internet : www.unitar.org

UNRISD *
Institut de recherche des Nations unies pour le développement social
Palais des Nations
1211 Genève 10
Suisse
Tél. : 00 41 22 798 84 00
Internet : www.unrisd.org

UNU *
Université des Nations unies
53-70, Jingumae 5-Chome
Shibuya-Ku
Tokyo 150-8925
Japon
Tél. : 00 81 3 3499 2811
Internet : www.unu.edu

Bureau européen
c/o UNESCO
1, rue Miollis
75732 Paris cedex 15
Tél. : 01 45 68 30 07

UPU *
Union postale universelle
4 Weltpoststrasse
3000 Berne 15
Suisse
Tél: 00 41 31 350 31 11
Internet : ibis.ib.upu.org

UPOV *
Union internationale pour la protection des obtentions végétales
34, chemin des Colombettes
CP 18
1211 Genève 20
Suisse
Tél. : 00 41 22 338 91 11
Internet : www.upov.int

Les institutions européennes

AEE *
Agence européenne pour l'environnement
Kongens Nytorv 6
1050 Copenhague
Danemark
Tél. : 00 45 333 67 100
Internet : www.eea.eu.int
E-mail : info@eea.dk

Agence européenne pour la santé et la sécurité du travail *
Alameda de Mazarredo 61
48 005 Bilbao
Espagne
Tél. : 00 34 442 305 01
E-mail : emma.heighton@luxdg.cec.be

ASE
Agence spatiale européenne
8-10, rue Mario Nikis
75738 Paris cedex 15
Tél. : 01 53 69 76 54
Internet : www.esa.int

BCE
Banque centrale européenne
Kaiserstrasse 29
PTF 102 031
Frankfurt am Main
Allemagne
Tél. : 00 49 69 27 227 0
Internet : www.ecb.int

BEI
Banque européenne d'investissement
100, boulevard Konrad Adenauer
2950 Luxembourg
Luxembourg
Tél. : 00 352 43 79 31 22
Internet : www..bei.eu.int

BERD
Banque européenne pour la reconstruction et le développement
One Exchange Square
London EC2A 2EH
Grande-Bretagne
Tél. : 00 44 171 338 60 00
Internet : www.ebrd.com

CCE
Commission européenne
Division recrutement, DGIX
200, rue de la Loi
1049 Bruxelles
Belgique
Tél. : 00 322 299 11 11

Info-recrutement: 295 32 37/ 295 56 62/ 295 28 49
Internet : europa.eu.int
concours: europa.eu.int/en/comm.dg09/concours.fr

Secrétariat des comités de sélection/ recherche
Square de Meeus
75, rue Montoyer
1049 Bruxelles
Belgique
Tél. : 00 322 295 56 60

Bureau de représentation de la Commission européenne
288, boulevard Saint-Germain
75007 Paris
Tél. : 01 40 63 38 00
Minitel : 3615 CEE

Représentation à Marseille
2, rue Henri Barbusse
13241 Marseille cedex 01
Tél: 04 91 91 46 00

CCNR *
Commission centrale pour la navigation du Rhin
2, place de la République
67082 Strasbourg
Tél. : 03 88 52 20 10

CDC
Cour des comptes
Rue Alcide de Gaspéri 12
1615 Luxembourg
Luxembourg
Tél. : 00 352 439 81
Internet : www.eca.eu.int

CDI *

Centre de développement industriel
Avenue Hermann-Debroux 52
1160 Bruxelles
Belgique
Tél. : 00 32 2 679 18 11

CDR

Comité des régions
79, rue Belliard
1000 Bruxelles
Belgique
Tél. : 0032 2 282 21 12
Internet : www.cor.eu.int

CE

Conseil de l'Europe
Direction des ressources humaines
Avenue de l'Europe
67075 Strasbourg cedex
Tél. : 03 88 41 20 00
Internet : www.coe.fr

Monsieur Paul de Vaguet
Service des Ressources Humaines
Conseil de l'Europe
Palais de l'Europe
67075 Strasbourg
Tél. : 03 88 41 22 77

Bureau parisien
55, avenue Kléber
75116 Paris
Tél. : 01 44 05 33 60

CEDEFOP *

Centre européen pour le développement
de la formation professionnelle
PO. Box 27
Finikis

57002 Thessalonique
Grèce
Tél. : 00 30 31 490 111
Internet : www.cedefop.gr
E-mail : info@cedefop.gr

CEE-NU
Commission économique pour l'Europe
Palais des Nations
1211 Genève 10
Suisse
Tél. : 00 41 22 907 12 34
Internet : www.unece.org

Centre de traduction des organes de l'Union
Nouvel Hémicycle, niveau 4
1, rue du Fort-Thungen
1499 Kirschberg
Luxembourg
Tél. : 00 352 42 17 111

CEPMMT *
Centre européen pour les prévisions météorologiques à moyen terme
Shinfield Park
Reading RG2 9AX
Grande-Bretagne
Tél. : 00 44 118 949 9000
Internet : www.ecmwf.int

CERN *
Centre européen de recherches nucléaires
Genève Prévessin
1211 Genève 23
Tél. : 00 41 22 767 67 67
Internet : www.cern.ch

CES
Comité économique et social
Rue Ravenstein 2
1000 Bruxelles
Belgique
Tél. : 00 32 2 285 61 11
Internet : www.esc.eu.int

CIPR *
Commission internationale pour la protection du Rhin
Hohenzollenstrasse 18
56068 Koblenz
Allemagne
Tél. : 00 49 261 124 95
Internet : www.iksr.org

CJCE
Cour de justice des Communautés européennes
Boulevard Konrad Adenauer
2925 Luxembourg
Luxembourg
Tél. : 00 352 430 31
Internet : europa.eu.int/cj

Conseil des ministres
Rue de la Loi 175
1049 Bruxelles
Belgique
Tél. : 0032 2 285 61 11
Internet : agenor.consilium.eu.int

Conseil supérieur des écoles européennes *
Rue de la Loi 200
Bâtiment Belliard 7
1049 Bruxelles
Belgique
Tél. : 00 32 2 295 37 46

CTA *
Comité technique de coopération agricole et rurale
Postbus 380
6700 Wageningen
Tél. : 00 31 317 467 100
E-mail : cta@cta.nl

CUE
Conseil de l'Union européenne
Rue de la Loi 175
Bruxelles
Belgique
Tél. : 00 352 4303 1
Internet : ue.eu.int

EFILWC *
Fondation européenne pour l'amélioration
des conditions de vie et de travail
Loughlinstown House
Shankill - co Dublin
Irlande
Tél. : 00 353 1 282 68 88
Internet : europa.eu.int/agencies/efilwc
E-mail : postmaster@eurofound.ie

EMEA *
Agence européenne pour l'évaluation des médicaments
7, Westferry Circus
Canary Wharf
London E14 4HB
Tél. : 00 44 171 418 84 00
Internet : www.eudra.org/emea.html
E-mail : mail@emea.eudra.org

EUMETSAT *
Organisation européenne pour l'exploitation
de satellites météorologiques
Am Kavalleriesand 31
64295 Darmstadt
Allemagne
Tél. : 00 49 6151 807 7
Internet : www.eumetsat.de

ESO
Organisation européenne pour les recherches astronomiques
dans l'hémisphère austral
Karl-Schwarzschild Strasse 2
85748 Garching bei Munchen
Tél. : 00 49 89 320 060
Internet : www.eso.org

Eurocontrol
Rue de la Fusée 96
1130 Bruxelles
Tél. : 00 32 2 729 90 11
Internet : www.eurocontrol.be

EUROPOL
Po Box 90 850
2509 LW La Haye
Pays-Bas
Tél. : 00 31 70 302 53 02

EUTELSAT *
Organisation européenne de télécommunications par satellite
70, rue Balard
75502 Paris cedex 15
Tél. : 01 53 98 47 47
Internet : www.eutelsat.org

FEC *
Fondation européenne pour la Culture
Jan Van Goyenkade 5
1075 HN Amsterdam
Pays-Bas
Tél. : 00 31 20 676 0222
Internet : home.wxs.nl/~ecsinfo/profile.html

FEF *
Fondation européenne pour la formation
Villa Gualino Via le Settimo Severo 65
10133 Turin
Tél. 00 39 11 630 22 22
Internet : www.etf.it
E-mail : info@etf.it

IUE *
Institut universitaire européen
Badia Fiesolana
Via dei Roccettini 9
50016 San Domenico di Fiesole
Italie
Tél. : 00 39 6 585 531
Internet : www.iue.it

LEBM *
Laboratoire européen de biologie moléculaire
Postfach 102209
69012 Heidelberg
Allemagne
Tél. : 00 49 62 21387 0
Internet : www.embl-heidelberg.de

Médiateur européen
1, avenue du Président Schuman
BP 403
67001 Strasbourg cedex
Tél. : 03 88 17 40 01
Internet : www.euro-ombudsman.eu.int

OCVV *
Office communautaire des variétés végétales
BP 2141
49021 Angers cedex
Tél. : 02 41 36 84 50
Internet : www.cpvo.fr

OEDT *
Observatoire européen des drogues et des toxicomanies
Rua da Cruz de santa Apolonia 23-25
1100 Lisbonne
Portugal
Tél. : 00 351 1 813 30 00
Internet : www.emcdda.org
E-mail : emcdda@reitox.net

OFAJ *
Office franco-allemand pour la jeunesse
Rhöndorfer Strasse 23
53604 Bad Honnef
Allemagne
Tél. : 00 49 22 41 80 80
Internet : www.djw.org

Bureau à Paris
51, rue de l'Amiral Mouchez
75013 Paris
Tél. : 01 40 78 18 18
Internet : www.ofaj.org

OHMI *
Office de l'harmonisation du marché intérieur
Avenida de Aguilera 20
03080 Alicante
Espagne
Tél. : 00 34 6 513 91 46
Internet : www.europe.eu.int/agencies/ohim

Office d'inspection vétérinaire et phytosanitaire *
Trident House

Rock Hill
Blackrock
Co. Dublin
Irlande
Tél. : 00 353 1 206 47 11

OSCE
Organisation européenne pour la sécurité et la coopération en Europe
Kärntner Ring 5/7
1010 Wien
Tél. : 00 43 1 514 36 0
Internet : www.osce.org
E-mail : pm-dab@osce.or.at

PARCOM *
Commissions de Paris et d'Oslo
New Court
48 Carey Street
Londres WC2A 2JQ
Grande-Bretagne
Tél. : 00 44 171 242 99 27
Internet : www.ospar.org

PE
Parlement européen
Palais de l'Europe
Avenue de l'Europe
BP 1024
67070 Strasbourg cedex
Tél. : 03 88 17 40 01
Internet : www.europarl.eu.int

Bureau d'information
288, boulevard Saint-Germain
75007 Paris
Tél. 01 40 63 40 00
Internet : www.europarl.eu.int/paris
E-mail : EPParis@europarl.eu.int
Minitel : 3615 / 3616 CEE

Service du recrutement
Plateau du Kirchgerg
Bâtiment Robert-Schuman
2929 Luxembourg
Luxembourg
Tél. : 00 352 43 00 35 29

UEO
Union de l'Europe occidentale
Rue de la Régence 4
1000 Bruxelles
Belgique
Tél. : 00 32 2 500 44 11
Internet : www.weu.int

Bureau parisien
43, avenue du Président Wilson
75016 Paris
Tél. : 01 53 67 22 00
E-mail : aueo-aweu@calvanet.calvacom.fr

Les autres sources d'information

Ministère des Affaires étrangères
Mission des fonctionnaires internationaux
Monsieur William Bigaud
Salle de documentation
Bureau 2011
57, boulevard des Invalides
75700 Paris
Tél. : 01 53 69 38 08

Bureau commun du service national de la coopération
57, boulevard des Invalides
75007 Paris
Tél. : 01 43 17 97 00 (ou 99 00)

Journal officiel
Service des publications des Communautés européennes
26, rue Desaix
75727 Paris cedex 15
Tél. : 01 40 58 77 01

Euroconfidentiel
Rue de Rixensart 18
1332 Genval
Belgique
Tél. : 00 32 2 652 02 84
E-mail : nigel.hunt@infoboard.be

Sources d'Europe
Socle de la Grande Arche
92044 Paris La Défense cedex
Tél. : 01 41 25 12 12
Minitel : 3615 Eurosources
Internet : www.info-europe.fr

2. Se former à l'international

Les écoles publiques

Les universités

Voici une liste non exhaustive des universités et formations de troisièmes cycles tournées vers les carrières de la fonction publiques internationales.

DEA Action publique et territoires en Europe
Institut d'études politiques de Rennes
104, boulevard de la Duchesse-Anne
35700 Rennes
Tél. :02 99 84 39 38

DEA Défense nationale et sécurité européenne
Université de Lille
UFR sciences juridiques, politiques et sociales
1, place deliot BP 629
59024 Lille cedex
Tél. : 03 20 90 74 37

DEA Droit communautaire
• Université d'Aix-Marseille III
Faculté de droit - bureau 15
3, avenue Robert-Schuman
13628 Aix-en-Provence cedex 01
• Université Bordeaux IV
Droit des sciences sociales et politiques
Avenue Léon-Duguit
33608 Pessac
Tél. : 05 56 84 85 49 / 05 56 84 86 43
• Université Lyon III
UFR de droit
15, quai Claude-Bernard
BP 638
69239 Lyon cedex 02

Tél. : 04 72 72 21 93 / 04 72 72 20 61

• Université Nancy II
Centre européen universitaire
15, place Carnot
CS 4219 - 54042 Nancy cedex
Tél. : 03 83 36 52 84

• Université Paris II
UFR de droit et de science politique
12, place du Panthéon
75231 Paris cedex 05
Tél. : 01 44 41 57 00 (boîte vocale) ou 01 46 34 97 00

• Université Rennes I
Faculté de droit et de science politique
9, rue Jean Macé
35042 Rennes cedex
Tél. : 02 99 84 76 82

• Université Toulouse I
Faculté de droit
Place Anatole-France
31042 Toulouse cedex
Tél. : 05 61 63 37 82

DEA Droit communautaire européen

• Université Montpellier I
Faculté de droit et sciences économiques
39, rue de l'Université
34060 Montpellier cedex
Tél. : 04 67 61 54 74 / 04 67 61 51 46

• Université Paris I (Panthéon-Sorbonne)
UFR 05 de droit des affaires
12, place du Panthéon
75231 Paris cedex 05
Tél. : 01 46 34 97 65 / 01 46 34 97 66

• Université Paris I (Panthéon-Sorbonne)
UFR 07 d'études internationales et européennes
12, place du Panthéon
75231 Paris cedex 05
Tél. : 01 46 34 97 52

DEA Droit des affaires et droit économique (français et communautaire)
Université Paris I (Panthéon-Sorbonne)
UFR 05 de droit des affaires
12, place du Panthéon
75231 Paris cedex 05
Tél. : 01 46 34 97 65 / 01 46 34 97 66

DEA Droit des communautés européennes
Université Robert Schuman, Strasbourg III
UFR de droit, sciences politiques et gestion
Place d'Athènes
BP 66
67045 Strasbourg cedex
Tél. : 03 88 41 42 00 / 03 88 41 42 09

DEA Droit des relations économiques internationales et communautaires
• Institut doctoral de sciences juridiques et politiques de Nanterre
UFR de sciences juridiques
200, avenue de la République
92001 Nanterre cedex
Tél. : 01 40 97 77 30 / 01 40 97 77 28
• Université Paris X - Nanterre
UFR sciences juridiques, administratives et politiques
200, avenue de la République
92001 Nanterre cedex 01
Tél. : 01 40 97 77 30

DEA Droit international et communautaire
Université de Lille
UFR sciences juridiques, politiques et sociales
BP 629
59024 Lille cedex
Tél. : 03 20 90 76 33 / 03 25 90 74 37

DEA Droit européen (privé/public)
Université de Picardie Jules Verne
UFR droit et sciences politiques et sociales

Pôle universitaire Cathédrale
BP 2716
80027 Amiens cedex 01
Tél. : 03 22 82 74 13

DEA Droit international et européen

• Université du Havre (avec université de Rouen)
Faculté des affaires internationales
25, rue Philippe-Lebon
BP 420
76057 Le Havre cedex
Tél. : 02 32 74 40 87

• Université de Rouen
UFR de droit
Boulevard André-Siegfried
76821 Mont-Saint-Aignan cedex
Tél. : 02 35 14 60 00

DEA Droit pénal et politique criminelle en Europe

Université Paris I (Panthéon-Sorbonne)
UFR de sciences juridiques, administratives et politiques
12, place du Panthéon
75231 Paris cedex 05
Tél. : 01 40 97 77 30

DEA Droit privé général et européen

Université de Limoges
UFR de droit et sciences économiques
4, place du Présidial
87031 Limoges cedex
Tél. : 05 55 34 97 00

DEA Droit public comparé des Etats européens

Université Paris I
Centre d'études et de recherches sur l'administration publique
12, place du Panthéon
75231 Paris cedex 05
Tél. : 01 46 34 98 17 (bureau 201)

DEA Droit public international et européen

• Université Montpellier I
UFR de droit et sciences sociales
39, rue de l'Université
34060 Montpellier cedex 1
Tél. : 04 67 61 54 00

• Université Paris XI (avec l'université de Versailles - St-Quentin-en-Yvelines)
Faculté Jean Monnet - service 3e cycles
54, boulevard Desgranges
92331 Sceaux cedex
Tél. :01 40 91 17 63

DEA Droits européens comparés (Allemagne, Grande-Bretagne, Espagne et Italie)

Université de Nancy II
Faculté de droit, sciences économiques et gestion
13, place Carnot - CO 26
54035 Nancy cedex
Tél. : 03 83 35 88 41 / 03 83 35 88 40

DEA Espace européen, économique et social

Université de Lille
UFR sciences économiques et sociales
Bâtiment SH2
59655 Villeneuve-d'Ascq cedex
Tél. : 03 20 43 67 22 / 03 20 43 67 52

DEA Etude comparée de la transition démocratique dans l'Europe postcommuniste

Institut d'études politiques de Paris
27, rue Saint-Guillaume
75337 Paris cedex 07
Tél;: 01 45 49 50 77

DEA Etudes européennes

Université Grenoble II
Centre universitaire de recherche européenne et internationale (CUREI)
Domaine universitaire

151, rue des Universités
BP 47
38040 Grenoble cedex 9
Tél. : 04 76 82 55 94

DEA Histoire de la science juridique européenne
Université de Nancy II et Strasbourg III
13, place Carnot - CO 26
54035 Nancy cedex
Tél. : 03 83 35 88 40 / 03 83 35 88 41

DEA Histoire du droit européen
Université Paris XII
Faculté de droit et de science politique
58, avenue Didier
94210 La Varenne Saint-Hilaire
Tél. : 01 49 76 80 09

DEA Institutions et dynamiques sociopolitiques dans l'Europe de l'Ouest
Université de Paris VIII
UFR PAE. Bât. A. Salle 215
2, rue de la Liberté
93526 saint-Denis cedex 02
Tél. : 01 49 40 66 31

DEA Institutions politiques et monétaires et intégration économique en Europe
Institut d'études politiques de Strasbourg
47, avenue de la Forêt-Noire
67082 Strasbourg cedex
Tél. : 03 88 41 77 25

DEA Analyse et politiques économiques
Université de Picardie
Faculté d'économie et de gestion
Placette Lafleur. BP 2716
80027 Amiens cedex 01
Tél. : 03 22 82 71 02

DEA Mutation économique dans les pays de l'Est (ouverture extérieure et réformes internes)
Université Paris I (Panthéon-Sorbonne)
UFR sciences économiques. bureau 1509
90, rue de Tolbiac
75634 Paris cedex 13
Tél. : 01 40 77 18 76

DEA Politique comparée en Europe
Faculté de droit et de sciences économiques
3e cycles
7, avenue Schuman
06050 Nice cedex
Tél. : 04 92 15 70 00 / 04 92 15 70 34

DEA Politiques nationales et politiques européennes des Etats de l'union européenne
Université Paris III
Département d'études de la société contemporaine
13, rue de Santeuil
75231 Paris cedex 05
Tél. : 01 45 87 40 82

DEA Mondialisation, production et économie historique
Université Paris VIII (avec l'université Paris VII)
UFR TES
2, rue de la Liberté
93200 Saint-Denis
Tél. : 01 49 40 64 67

DEA Sciences politiques, la construction de l'Europe: institutions, territoires et politiques publiques
Institut d'études politiques de Strasbourg
47, avenue de la Forêt-Noire
67082 Strasbourg cedex
Tél. : 03 88 41 77 60 / 03 88 41 77 77

DESS Banque et finance euroopéennes
Université de Toulouse I

UFR sciences économiques
Place Anatole france
31042 Toulouse cedex
Tél. : 05 61 63 35 11

DESS Commerce extérieur du centre franco-italien de management international
Université Jean Moulin Lyon III
IAE
18, rue Chevreul
69007 Lyon
Tél. : 04 72 72 45 24 / 04 72 72 45 33

DESS Commerce franco-ibérique et management international
Institut régional de gestion et d'administratin des entreprises (IRGAE)
35, place Pey-Berland
33076 Bordeaux cedex
Tél. : 02 56 52 19 99 / 02 56 00 45 23

DESS Commerce international, centre de management franco-britannique
Université de Lille I
Mme Marcq. Cité scientifique. bâtiment DESS
59655 Villeneuve-d'Ascq cedex
Tél.: 03 20 43 46 90

DESS Contentieux national, européen et international
Université René Descartes, Paris V
UFR Droit
10, avenue Pierre Larousse
92245 Malakoff cedex
Tél. : 01 41 17 30 00

DESS Défense et sécurité option problèmes européens
Université de Nice (avec université de Toulon)
Institut du droit de la paix et du développement (IDPD)
7, avenue Robert-Schuman
06050 Nice cedex
Tél. : 04 93 97 71 99

DESS Diplomatie, organisations et entreprises internationales
Université Paris XI Orsay
54, boulevard Desgranges
92331 Sceaux cedex
Tél. : 01 40 91 17 17 / 01 40 91 17 63

DESS Droit communautaire
Université Lyon III
Faculté de droit
15, quai Claude Bernard
BP 638
69239 Lyon cedex 02
Tél. : 04 72 72 21 53 / 04 72 72 21 93

DESS Entreprise et droit de l'Union européenne
Université Paris XI Sceaux
Faculté Jean-Monnet
54, boulevard Desgranges
92331 Sceaux cedex
Tél. : 01 40 91 17 63

DESS Droit des affaires européennes et internationales
Université de Valenciennes
Faculté de droit, d'économie et de gestion (FDEG)
Les Tertiales
Rue des Cent-têtes
BP 311
59304 Valenciennes cedex
Tél. : 03 27 14 76 02

DESS de droit européen
Université Paris I Sorbonne (formation conjointe avec le Centre universitaire des communautés européennes)
UFR d'études internationales et européennes, bureau 309
12, place du Panthéon
75231 Paris cedex 05
Tél. : 01 46 34 97 52 / 01 46 34 97 33

DESS Droit européen des affaires

• Université Paris II - Panthéon-Assas
12, place du panthéon
75231 Paris cedex
Tél. : 01 44 41 55 99

• Université Paris V - Malakoff
Faculté de droit
10, rue Pierre-Larousse
32245 Malakoff cedex
Tél. : 01 41 17 30 00 / 01 40 46 29 51

DESS Droit français et européen de la commercialisation des produits touristiques

Université de Montpellier
UFR de droit et de sciences sociales
39, rue de l'Université
34060 Montpellier cedex 1
Tél. : 04 67 61 54 00 ou 04 67 61 54 72

DESS Economie européenne

Université Paris XIII
UFR sciences économiques et gestion
Avenue J.B-Clément
94430 Villetaneuse
Tél. : 01 49 40 30 00

DESS Entreprises et collectivités locales dans l'Europe communautaire

Université Lumière Lyon II
UFR sciences juridiques
5, avenue Pierre-Mendès-France
69676 Bron cedex
Tél. : 04 78 77 43 81

DESS Etudes germaniques

Université Robert Schuman - Strasbourg
Centre d'études germaniques
8, rue des Ecrivains
67000 Strasbourg
Tél. : 03 88 36 45 14

DESS Géopolitique européenne
Université de Marne-la-Vallée
Centre d'études européennes
Cité Descartes
5, boulevard Descartes
Champs-sur-Marne
77454 Marne-la-Vallée cedex 2
Tél. : 01 49 32 91 50

DESS Gestion des affaires européennes et internationales
IAE Valenciennes
Les Tertiales
Rue des Cent-têtes
BP 311
59304 Valenciennes cedex
Tél. : 03 27 14 84 55

DESS Gestion des organisations françaises en Allemagne
Université de Metz
IAE - Centre franco-allemand de formation au commerce extérieur
Technopôle
3, place Edouard-Branly
57070 Metz
Tél. : 03 87 56 37 86 / 03 87 56 37 88

DESS Gestion européenne et internationale
Université Paris I Sorbonne
UFR Gestion Sorbonne
17, rue de la Sorbonne
75231 Paris cedex 05
Tél. : 01 40 46 27 84 / 01 40 46 27 78

DESS Gestion financière et espace européen (spécialité économie monétaire - gestion d'entreprise)
Université Nancy II
Centre européen universitaire
15, place Carnot
CS 4219
54042 Nancy cedex
Tél. : 03 83 35 46 15 / 03 83 36 52 84

DESS Gestion internationale option finances et management
Université de Strasbourg - UFR sciences économiques et gestion
Pôle européen de gestion
61, avenue de la Forêt-Noire
67085 Strasbourg cedex
Tél. : 03 90 41 41 01/02

DESS Juriste européen
• Université Paris X- Nanterre
UFR sciences juridiques, politiques et administratives
200, avenue de la République
92001 Nanterre cedex 01
Tél. : 01 40 97 77 30
• Université Paris XII Créteil - La Varenne
Faculté de droit de Paris St-Maur - Bâtiment F
58, avenue Didier
94224 La Varenne-St-Hilaire cedex
Tél. : 01 49 76 80 10`
• Université de Tours
UFR droit, sciences économiques et sciences sociales
50, avenue Jean Portalis
BP 0607
37026 Tours cedex 3
Tél. : 02 47 36 84 88

DESS Langues et commerce international appliqués aux marchés anglo-saxons et germaniques
Université de Cergy-Pontoise
UFR de langues
33, boulevard du port
95011 Cergy-Pontoise cedex
Tél. : 01 34 25 60 34

DESS Management financier européen
Université de Montpellier
Espace Richter
Avenue de la Mer
BP 9606
34054 Montpellier cedex 1
Tél. : 04 67 15 83 52

DESS Politiques publiques en Europe
Institut d'études politiques de Strasbourg
47, avenue de la Forêt-Noire
67082 Strasbourg cedex
Tél. : 03 88 41 77 60

DESS Relations publiques européennes
Université Paris IV
CELSA
77, rue de Villiers
92523 Neuilly-sur-Seine cedex
Tél. : 01 46 43 76 76

DESS Techniques comptables, fiscales et financières européennes
Université de Poitiers
IAE
20, rue Guillaume-le-Troubadour
BP 639
86022 Poitiers
Tél. : 05 49 60 50 11

DESE Etude des civilisations européennes
DESE Sciences juridiques et politiques
DESE Sciences économiques et gestion
Université de Nancy
Centre européen universitaire
15, place Carnot
54042 Nancy cedex
Tél. : 03 83 36 52 84

DESU Droit, économie et réalisation de projets CEI-PECO (Ex-URSS et pays de l'Est)
Université Aix-Marseille III
Institut de l'Europe centrale et orientale (IECO)
3, avenue Robert-Schuman
13628 Aix-en-Provence cedex
Tél. : 04 42 17 29 32

Diplôme de formation aux cultures européennes
Université de Nancy II
Centre européen universitaire
15, place Carnot
CS4219
54042 Nancy cedex
Tél. : 03 83 19 27 80

Diplôme de politique européenne de santé
Enseignement à distance
Ecole de santé publique
Faculté de médecine de Nancy
9, avenue de la Forêt de Haye
BP 184
54505 Vandœuvre-lès-Nancy cedex
Tél. : 03 83 59 25 88

Diplôme européen des hautes études internationales
IEHEI
10, avenue des Fleurs
06000 Nice
Tél. : 04 93 97 93 70

DSU Droit communautaire
Université Paris II - Panthéon Assas
UFR de droit et de sciences politiques. Salle 5
12, place du Panthéon
75231 Paris cedex 05
Tél. : 01 44 41 57 00

DU Certificat préparatoire à la pratique du commerce franco-allemand
Université de Metz
IAE - Centre franco-allemand de formation au commerce extérieur
DESS GOFA (management franco-allemand)
Technopôle
3, place Edouard-Branly
57070 Metz
Tél. : 03 87 56 37 86

DU Connaissance de l'Europe centrale contemporaine
Université Robert-Schuman
Centre d'études germaniques
8, rue des Ecrivains
67000 Strasbourg
Tél. : 03 88 36 45 14

DU Protection sociale
Faculté de droit et de sciences économiques
39, rue de l'Université
34060 Montpellier cedex
Tél. : 04 67 61 51 46 / 04 67 61 54 74

Autres formations

Centre d'études européennes
Université de Marne-la-Vallée
Scolarité, service accueil information
Bâtiment Valmédia (Corpénic)
Cité Descartes
5, boulevard Descartes
Champs-sur-Marne
77454 Marne-la-Vallée cedex
Tél. : 01 60 95 74 74 ou 01 49 32 91 50

Centre européen universitaire
Université de Nancy II
15, place Carnot
54042 Nancy cedex
Tél. : 03 83 36 52 84 ou 03 83 19 27 80

Institut des hautes études internationales
Université Panthéon-Assas Paris II
Bureau 222
12, place du Panthéon
75321 Paris cedex 05
Tél. : 01 44 41 55 50

Les instituts d'études politiques

IEP d'Aix
25, rue Gaston de Saporta
13625 Aix-en-Provence cedex 1
Tél. : 04 42 17 01 60

IEP de Bordeaux
Allée Ozonne
BP 101
33405 Talence cedex
Tél. : 05 56 84 42 52

IEP de Grenoble
BP48
38040 Grenoble cedex 9
Tél. : 04 76 82 60 00

IEP de Lille
84, rue de Trévisse
59000 Lille
Tél. : 03 20 90 48 40

IEP de Lyon
1, rue Raulin
69365 Lyon cedex 07
Université de rattachement: Lyon II
Tél. : 04 78 69 72 33

IEP de Paris
27, rue Saint-Guillaume
75337 Paris cedex 07
Tél. : 01 45 49 50 50

IEP de Rennes
104, bd de la Duchessse-Anne
35700 Rennes
Tél. :02 99 84 39 39

IEP de Strasbourg
47, avenue de la Forêt-Noire
67082 Strasbourg cedex
Tél. : 03 88 41 77 64
Université de rattachement: Strasbourg III

IEP de Toulouse
2 ter, rue des Puits-creusés
31000 Toulouse
Tél. : 05 61 1 02 60

Les écoles privées

Collège d'Europe
Bureau d'admission
Dijver 11
8000 Brugge
Belgique
Tél. : (France) : 01 43 17 89 31

HEI
Ecole des hautes études internationales
107, rue de Tolbiac
75013 Paris
Tél. : 01 45 70 73 37

ILERI
Institut d'études des relations internationales
12, rue des Saints-Pères
75007 Paris
Tél. : 01 42 96 51 48

Université Américaine de Paris
31, avenue Bosquet
75007 paris
Tél. : 01 40 62 06 00

Les écoles d'interprétariat et de traduction

CEPLV
Centre d'études pratiques de langues vivantes
16, rue Briçonnet
37000 Tours
Tél. : 02 47 20 74 09

ESIT
Ecole supérieure d'interprètes et de traducteurs
Paris III
Centre Universitaire paris Dauphine
place du Maréchal de Lattre de Tassigny
75775 Paris cedex 16
Tél. : 01 44 05 42 05

ESST
Ecole supérieure de langues et de traduction
25, rue du plat
69288 Lyon cedex 02
Tél. : 04 72 32 50 40

ESTICE
Ecole Supérieure de Traducteurs, d'interprètes et de cadres du commerce extérieur
81, bd Vauban
BP 109
59016 Lille cedex
Tél. : 03 20 54 90 90

ESUCA
Ecole supérieure de cadres interprètes-traducteurs
Université de Toulouse II
5, allée Antonio machado
31058 Toulouse
Tél. : 05 61 50 43 22

INALCO ou Langues O
Institut national des langues et civilisations orientales
Université Paris V
2, rue de Lille
75343 paris cedex 07
Tél. : 01 49 26 42 00

IPLV
Institut de perfectionnement en langues vivantes
Université catholique de l'Ouest
Place André Leroy
BP 808
49008 Angers cedex 01
Tél. : 02 41 81 66 31

ISIT
Institut supérieur d'interprétation et de traduction
Institut Catholique de Paris
21, rue d'Assas
75270 Paris cedex 06
Tél. : 01 42 22 33 16

ITIRI
Institut de traducteurs, d'interprètes et de relations internationales
Université de Strasbourg II
UFR de langues et de sciences humaines appliquées
22, rue Descartes
67084 Strasbourg
Tél. : 03 88 41 74 80

Bibliographie

La Fonction publique internationale, ONISEP, Infosup n° 173 , mai juin 1998, 30 francs.

Fonctions internationales, le mensuel des emplois internationaux, n° 81, juillet/août 1997, 25 francs.

Les instituts d'études politiques « Sciences-Po », ONISEP, Infosup n° 171, janvier-février 1998, 30F.

Réussir à l'étranger, le magazine de la mobilité internationale, n° 6, juillet/août 1998, 25 francs.

Travailler dans un organisme international, brochure du CIDJ, 19 francs.

Troisièmes cycles ouverts à l'Europe, ONISEP, Infosup n° 170, novembre-décembre 1997, 30 francs.

La Cour de justice des communautés européennes, Renaud Dehousse, éditions Montchrestien (1997).

L'ONU, Michel Heurteaux, éditions Milan (1995).

Voyage au cœur de l'OTAN, Jean de la Guérivière, éditions du Seuil (1996).

Les organisations internationales, Charles Zorgbibe, Presses universitaires de France (1991).

Les sigles utilisés

ACCT : Agence de coopération culturelle et technique
ADBS : Association des documentalistes et bibliothécaires spécialisés
AEE : Agence européenne pour l'environnement
AEN : Agence pour l'énergie nucléaire
AID : Association internationale de développement
AIEA : Agence internationale de l'énergie atomique
ASE : Agence spatiale européenne
BAD : Banque africaine de développement
BAD : Banque asiatique de développement
BCE : Banque centrale européenne
BEI : Banque européenne d'investissement
BERD : Banque européenne pour la reconstruction et le développement
BID : Banque interaméricaine de développement
BIE : Bureau international des expositions
BIPM : Bureau international des poids et mesures
BIRD : Banque internationale pour la reconstruction et le développement
BM : Banque mondiale
BPI : Bibliothèque publique d'information (Beaubourg)
BTS : Brevet de technicien supérieur
CAFB : Certificat d'aptitude à la fonction de bibliothécaire
CAPES : Certificat d'aptitude au professorat de l'enseignement du second degré
DEA : Diplôme d'études approfondies
CCE : Commission européenne
CCI : Centre du commerce international
CCIC : Comité consultatif international du coton
CCNR : Commission centrale pour la navigation du Rhin
CDB : Banque de développement des Caraïbes
CDC : Cour des comptes
CDI : Centre de développement industriel
CDR : Comité des régions
CE : Conseil de l'Europe
CEA : Commission économique pour l'Afrique
CEDEFOP : Centre européen pour le développement de la formation professionnelle
CEE - NU : Commission économique pour l'Europe (Nations unies)

CEPALC : Commission économique pour l'Amérique latine et les Caraïbes
CEPLVB : Centre d'études pratiques de langues vivantes
CEPMMT : Centre européen pour les prévisions météorologiques à moyen terme
CERN : Centre européen de recherches nucléaires
CES : Comité économique et social
CESAO : Commission économique et sociale pour l'Asie occidentale
CESAP : Commission économique et sociale pour l'Asie et le Pacifique
CICTA : Commission internationale pour la conservation des thonidés de l'Atlantique
CIDJ : Centre d'information et de documentation jeunesse
CIEC : Commission internationale de l'état civil
CIHEAM : Centre international des études agronomiques méditerranéennes
CIJ : Cour internationale de justice
CIPR : Commission internationale pour la protection du Rhin
CJCE : Cour de justice européenne
CNIL : Commission nationale informatique et libertés
CNUCED : Conférence des Nations unies pour le commerce et le développement
CNUEH : Centre des Nations unies pour les établissements humains
CODIP : Conférence de La Haye de droit international privé
COI : Conseil oléicole international
CPS : Commission du Pacifique sud
CTA : Comité technique de coopération agricole et rurale
CUE : Conseil de l'union européenne
DESE : Diplôme d'études supérieures européennes
DESS : Diplôme d'études supérieures spécialisées
DU : Diplôme d'université
EFILWL : Fondation européenne pour l'amélioration des conditions de vie et de travail
EMEA : Agence européenne pour l'évaluation des médicaments
ESA : Agence spatiale européenne
ESIT : Ecole supérieure d'interprètes et de traducteurs
ESJ : Ecole supérieure de journalisme
ESO : Organisation européenne pour les recherches astronomiques dans l'hémisphère austral
ESST : Ecole supérieure de langues et de traduction

ESTICE : Ecole supérieure de traducteurs, d'interprètes et de cadres du commerce extérieur
ESUCA : Ecole supérieure de cadres interprètes-traducteurs
EUMETSAT : Organisation européenne pour l'exploitation de satellites météorologiques
EUTELSAT : Organisation européenne de télécommunications par satellite
FEC : Fondation européenne pour la culture
FEF : Fondation européenne pour la formation
FIDA : Fonds international de développement agricole
FMI : Fonds monétaire international
FNUAP : Fonds des Nations unies pour les activités en matière de population
GEIC : Groupe international d'études du caoutchouc
GEIPZ : Groupe d'étude international du plomb et du zinc
HCR : Haut commissariat des Nations unies pour les réfugiés
IAE : Institut d'administration des entreprises
ICCROM : Centre international d'études pour la conservation et la restauration des biens culturels
IEP : Institut d'études politiques
IFP : Institut français de presse
IIDD : Institut international de droit du développement
IIF : Institut international du froid
INALCO : Institut national des langues et civilisations orientales
INMARSAT : Organisation internationale de télécommunications mobiles par satellite
INTELSAT : Organisation internationale de télécommunications par satellite
ISIT : Institut supérieur d'interprétation et de traduction
ITIRI : Institut de traducteurs, d'interprètes et de relations internationales
IUE : Institut universitaire européen
LEA : Langues étrangères appliquées
LEBM : Laboratoire européen de biologie moléculaire
OAA : Organisation des Nations unies pour l'alimentation et l'agriculture
OACI : Organisation de l'aviation civile internationale
OCDE : Organisation de coopération et de développement économique

OEB : Office européen des brevets
OCVV : Office communautaire des variétés végétales
OEDT : Observatoire européen des drogues et des toxicomanies
OEPP : Organisation et méditerranéenne pour la protection des plantes
OFAJ : Office franco-allemand pour la jeunesse
OFQJ : Office franco-québécois pour la jeunesse
OHI : Organisation hydrographique internationale
OHMI : Office de l'harmonisation dans le marché intérieur
OIAC : Organisation pour l'interdiction des armes chimiques
OIC : Organisation internationale du cacao
OIC : Organisation internationale du café
OICN : Organisation internationale du caoutchouc naturel
OIE : Organisation internationale des épizooties
OIJ : Organisation internationale du jute
OIM : Office international des migrations
OIML : Organisation internationale de métrologie légale
OIS : Organisation internationale du sucre
OIT : Organisation internationale du travail
OITV : Office international de la vigne et du vin
OMC : Organisation mondiale du commerce
OMD : Organisation mondiale des douanes
OMI : Organisation maritime internationale
OMM : Organisation météorologique internationale
OMPI : Organisation mondiale de la propriété intellectuelle
OMS : Organisation mondiale de la santé
OMT : Organisation mondiale du tourisme
ONISEP : Office national sur les enseignements et les professions
ONU : Organisation des Nations unies
ONUDI : Organisation des Nations unies pour le développement industriel
OSCE : Organisation pour la sécurité et la coopération en Europe
OTAN : Organisation du traité de l'Atlantique nord
OTICE : Organisation du traité d'interdiction complète des essais nucléaires
OTIF : Organisation intergouvernementale des transports internationaux ferroviaires
PAM : Programme alimentaire mondial
PARCOM : Organisation de Paris et d'Oslo

PE : Parlement européen
PME : Petites et moyennes entreprises
PNUCID : Programme des Nations unies pour le contrôle international de la drogue
PNUD : Programme des Nations unies pour le développement
PNUE : Programme des Nations unies pour l'environnement
REMPEC : Centre régional méditerranéen pour l'intervention d'urgence contre la pollution marine accidentelle
SFI : Société financière internationale
TPIY : Tribunal pénal international pour l'ex-Yougoslavie
UEO : Union de l'Europe occidentale
UIT : Union internationale des télécommunications
UL : Union latine
UNAIDS : Programme commun des Nations unies pour le sida
UNESCO : Organisation des Nations unies pour l'éducation, la science et la culture
UNICEF : Fonds des Nations unies pour l'enfance
UNICRI : Institut inter-régional de recherche sur la criminalité et la justice
UNIDIR : Institut des Nations unies pour la recherche sur le désarmement
UNIDROIT
UNIRISD : Institut de recherche des Nations unies pour le développement social
UNITAR : Institut des Nations unies pour la formation et la recherche
UNU : Université des Nations unies
UPOV : Union internationale pour la protection des obtentions végétales
UPU : Union postale universelle

Index

34/38, rue Camille-Pelletan - 92309 Levallois-Perret cedex
Imprimerie Brodard & Taupin - 72201 La Flèche
Imprimé en France - 2e trimestre 1999

Editeur : Jean-Cyrille Boutmy
Directeur de la collection : François Firmin
Responsable d'édition : Jeanne Labourel
Assistante d'édition : Elsa Goisnard
Conception graphique : Valérie Barret
Conception de la couverture : Frédéric Vagney

Dépôt légal à parution
ISBN 2-84472-018-8